KB024653

정의감 중독 사회

WATASHI WA TADASHII SONO SEIGIKAN GA IKARI NI TSUNAGARU
by Shunsuke Ando
Copyright ⓒ 2021 by Shunsuke Ando
All rights reserved.
Original Japanese edition published by Sangyo Henshu Center Co.,Ltd.
Korean translation rights ⓒ 2023 by Another Universe
Korean translation rights arranged with Sangyo Henshu Center Co.,Ltd., Tokyo
through EntersKorea Co., Ltd. Seoul, Korea.

이 책의 한국어판 저작권은 (주)엔터스코리아를 통해
저작권자와 독점 계약한 또다른우주에 있습니다.
저작권법에 의하여 한국 내에서 보호를 받는 저작물이므로
무단전재와 무단복제를 금합니다.

정의감 중독 사회

분노는 어떻게
정의감을 내세운
마녀사냥이 되었나?

안도 슌스케 지음 | 송지현 옮김

또다른우주

차례

분노는 산(acid)과 같아서,
퍼붓는 대상보다는 그것이 담긴 그릇에
더 큰 피해를 줄 수 있다.
—마크 트웨인

1장

정의감이 강한 사람

쉽게 소비되는 정의

세상에는 이해할 수 없는 일이 많다. 불미스러운 사건을 일으킨 연예인이 일정 시간이 흐르면 아무렇지도 않게 방송계로 복귀하고, 평범한 회사원이었다면 당장 해고될 만한 언행을 한 정치인이 계속 자리를 보전한다. 요령만 부리는 사람이 이득을 본다. 살다 보면 납득할 수 없는 광경을 곧잘 목격하게 된다.

그럴 때 세상에는 정의가 없다는 생각이 들 것이다. 정의라는 것이 있다면 옳지 못한 일을 저지른 사람들은 대가를 치를 테니까.

울트라맨, 배트맨, 아이언맨처럼 대중문화에 등장하는 정의의 수호자들은 나쁜 짓을 하는 사람이 나타나면 그야말로 공권력을 대신해서 처벌한다. 서민의 억울한 한을

풀어주는 정의로운 주인공이 등장하는 시대물도 언제나 큰 인기를 누린다. 미국 캘리포니아가 스페인의 식민지였던 시대를 배경으로, 착취당하는 농민들을 보호하며 지배층에 대항한 영웅을 그려낸 '쾌걸 조로' 같은 이야기는 어느 나라에나 있다. 그만큼 우리가 일상생활 속에서 정의가 실현되길 바라고 있다는 의미일 것이다. 우리는 나쁜 짓을 하면 벌을 받고, 옳은 일을 하면 언젠가 반드시 보답을 받을 거라고 믿는다. 정의는 착하고 성실한 서민의 손을 들어주어야 한다. 정의가 존재하지 않는 세상이라고 하면 영화에서나 나올 법한 무법자가 제멋대로 약탈을 반복하는 장면이 떠오를 것이다.

그런데 요즘 매사를 정의의 잣대로 재단하려는 경향이 강해져서 숨 막힌다고 느끼는 사람이 늘고 있는 것 같다. SNS가 보편화되면서 가깝고 먼 인간관계에 대한 거리 감각이 옅어져 온라인에서만 접할 뿐 실제로는 전혀 만날 일이 없는 타인들을 이웃처럼 가까이 있는 존재처럼 여겨 간섭하려는 세태가 나타났고, 2020년 코로나19 팬데믹이 시작되면서 개개인의 사생활에 대해 정의감을 과도하게 표출하는 일이 많아진 것으로 보인다.

많은 이들이 스스로 방역 수칙을 잘 지키는 데에서 더 나아가 다른 사람들이 마스크를 잘 쓰고 다니는지, 실내에 제한 인원보다 더 많이 모이지 않았는지, 영업 제한 시간을 어기지 않았는지 등등에 신경을 곤두세우게 되었다.

팬데믹 초기에는 감염병 유행 지역의 자동차 번호판을 단 차량을 경계하기도 하고, 다른 지역을 방문하는 행위 자체를 비난하기도 했다. SNS에 여행 간 사진을 올리면 때가 어느 때인데 불필요한 외출을 했냐는 댓글이 쇄도하기도 했다. 이런 일들을 미디어가 흥미진진한 사건처럼 보도해서 대중을 더욱 흥분시키고, 나중에는 관계없는 사람까지 휩쓸리는 사태로 악화되는 일이 적지 않다.

왕따, 조리돌림, 마녀사냥 같은 집단적이거나 공개적인 괴롭힘이나 따돌림은 인간 사회에 늘 존재했지만, 인터넷, 특히 SNS라는 손쉬운 수단이 생기면서 오늘날은 그 정도가 더욱 심해진 것으로 보인다. 연예인이나 정치인처럼 대중에게 잘 알려진 사람들이 아니더라도 SNS 계정이 있는 사람들은 누구나 정의의 잣대로 자신을 비난하는 악성 댓글(악플)에 노출될 수 있는 시대가 되었다.

악플 사건이나 정보 누출 등 인터넷에서 일어나는 사

건을 연구하는 디지털 크라이시스 종합연구소가 발표한 〈디지털 크라이시스 백서 2020〉에 따르면, 월평균 악플 사건 발생 건수는 96.6건이었다. 매일 약 3건의 악플 사건이 발생하는 셈이다. 사건화되는 경우가 이 정도이니, 보통 사람들이 온라인에서 불쾌한 댓글을 보는 일이 드물지 않을 것이다. 악플이라는 것은 결국 어떤 사람이 다른 누군가에게 화가 났음을 의미한다. 주목할 점은 이럴 때 화가 난 사람이 내세우는 무기가 정의라는 것이다.

우리는 정의와 불의를 어떻게 구별할 수 있을까? 쉽게 구별할 수 있는 경우도 많지만, 그렇지 않은 경우도 상당히 많다.

누군가 연인이나 배우자를 속이고 바람을 피웠다면 그것이 비윤리적인 일임은 쉽게 알 수 있다. 사생활은 타인이 판단할 문제가 아니라는 견해도 있지만, 그런 행동이 바람직하지 않다는 데는 대체로 많은 사람이 동의한다. 그렇더라도 그런 일을 한 사람(연예인이나 언론에 노출된 일반인 등)을, 관련자도 아니고 지인도 아닌 사람들이 공개적으로 비난하는 것이 자연스러운 일일까?

한편, 최근 인기 방송 프로그램에 출연했던 프로레슬러

가 빗발치는 악플을 견디지 못해 스스로 목숨을 끊은 비통한 사건에서는 '정의' 또는 '윤리'라는 잣대를 적용하기가 한층 더 어렵다. 그 리얼리티 프로그램에 출연했던 프로레슬러는 자신이 아끼는 레슬링 유니폼을 다른 출연자가 세탁기에 넣고 빠는 바람에 유니폼을 못 쓰게 되자 상대 출연자에게 크게 화를 냈다. 방송 후 그 레슬러의 태도를 지적하는 글이 쏟아지고 개인 SNS에도 많은 악플이 달렸다.

그에게 쏟아진 잔인한 언어폭력은 누구나 동의할 만한 정의감에 의한 것이었다고 하기는 어렵다. 레슬러가 방송에서 보인 태도가 마음에 안 들었을 수는 있지만, 그것이 정의의 잣대를 들이댈 문제일까? 댓글을 쓴 사람들은 '네가 틀렸다는 걸, 알려주고 말겠어'라는 사명감을 느꼈던 것 같다. 공격하는 측에는 그 나름의 이유, 그 나름의 정의가 있었다. 하지만 이는 사회 통념상 누구나 쉽게 받아들일 만한 것은 아니었다.

하루 3건의 악플 사건이 있었다면 3일 동안 약 10건이 있었다는 얘기다. 악플 사건은 흔히 일어나는 일이다. 요즘 있었던 사건 중 기억나는 것이 있는가? 악플 릴레이가

진행되는 동안에는 격렬하게 타오르지만 그 불꽃은 곧 꺼지고 대부분의 사건은 사람들의 기억에서 사라지고 만다.

그렇게 쉽게 잊히는 것을 정의라고 할 수 있을까? 그렇지 않을 것이다. 정의는 소중하고 함부로 다뤄서는 안 되는 존재이며 금방 잊혀서도 안 되는 것이다.

하지만 지금은 정의감이 쉽게 생겨나고 눈 깜짝할 새 소비되기를 반복하는 시대가 되었다.

정의가 숨통을 조인다

정의감을 칼처럼 휘두르며 화내는 사람이 많다. 정의라는 미명 아래 증오의 대상으로 몰리는 사람 역시 많다. 무슨 일을 하든 남들의 생각과 다르면 비난받을지도 모른다는 염려 때문에 몸을 사리는 사람도 많아졌다. 공무원, 교사, 상담원처럼 사람을 상대하는 일을 하는 사람들은 조금이라도 오해의 소지가 없도록 중립적이고 무색무취한 언어와 처신에 익숙해지고 있다.

누군가 불만을 제기할까 봐 두려워하며 남들과 다른 행동을 하지 않으려고 조심하니 아무래도 숨이 막히고 살기 피곤하다는 느낌이 들기 쉽다. 전 국민이 풍기단속반이 되어 서로를 감시하며 나쁜 짓은 하지 않는지, 잘못한 일은 없는지 살피고 있다. 그리고 무언가 발견하면 여봐

란듯이 몰려와 정의의 심판을 내리는 것이다. 이렇듯 서로를 감시하는 분위기가 조성되어 있으니 마음을 놓을 수 있는 시간과 장소가 없다. SNS와 스마트폰의 발달로 누구든 언제 어디서나 쉽게 사진과 동영상을 찍어 올릴 수 있기 때문이다.

예를 들어 내가 깜빡 잊고 마스크를 하지 않은 채 외출해서 무심하게 어떤 건물에 들어섰는데 누군가 내 얼굴을 찍어 '실내에서 마스크 안 한 사람 발견'이라는 글과 함께 트위터에 사진을 올리는 것은 아주 간단하다. 모두 이런 사실을 알고 있으니까 다른 사람 앞에서는 늘 조심한다. 과거에는 누군가 이런 실수를 하면 직접 지적하거나 아니면 그냥 넘어갔다. 지금은 상대방에게 주의하라고 일러주는 대신 그냥 찍어서 SNS에 올릴 수 있다.

정의라는 명목 아래 추궁당하면 추궁하는 사람 쪽에 정의가 있는 것처럼 느껴지니까 추궁당하는 쪽은 반론하기 어렵다. 정의가 아니라고 지적하는 사람은 기본적으로 화가 나 있다. 상대방에게 정의를 강요하면서 상냥하게 정의를 말하는 사람은 없다. 그 정의감이 과도하건 착각에 의한 것이건 누군가가 정의라고 믿는 일을 두고 반박하는 것은 그 사람의 믿음을 바꾸려는 거의 불가능한 시도이므로 아예 입을 다물어버리게 되기 쉽다.

그런 성가신 일들이 SNS나 먼 세상만이 아니라 나를 둘러싼 사회에서 일어난다. 친척과의 관계, 이웃과의 교류, 학부모 모임에서도 얼마든지 일어날 수 있다. 사람을 구하기 위해 존재해야 할 정의가 어느샌가 나를 감시하는 것, 나에게 화내는 것, 그래서 거리를 두고 싶은 것으로 변하고 있다.

한편 정의를 휘두르며 화를 내는 사람도 곳곳에서 정의가 무너지는 상황을 막아야 한다는 과도한 사명감 때문에 숨 막히기는 마찬가지일 것이다. 숨 막히는 사람이 누군가를 공격하며 숨 막힘을 전염시키는 악순환이 벌어지고 있다.

숨 막힘을 느끼는 사람이 정의의 이름 아래 화를 발산하는 이유에 대해서는 2장에서 자세히 설명한다. 정의감 때문에 화를 내는 사람, 정의감에 중독된 사람도 어떤 의미에서는 피해자라 할 수 있다.

정의감에 중독되어 화를 내는 사람을 성가신 존재, 엮이고 싶지 않은 사람이라고 여기기 쉽다. 지기 싫어하고 공격적인 그 사람의 성격이 문제라고 보는 것이다. 하지만 정의감 때문에 화를 내는 사람이 꼭 유별나고 공격적이라서 그런 것은 아니다. 다양한 문제에 예민하게 반응하기 때문에 분노를 느끼는 것이다.

정의감이 강한 사람은 자주 화가 난다

정의감이라고 규정하기 전에 먼저 분노에 대해 살펴보자. 분노란 어떤 감정일까? 분노는 다른 말로 방어 감정이라고도 한다. 즉, 뭔가를 지키기 위한 감정이다.

동물도 분노를 느낀다. 동물에게 지켜야 할 중요한 것은 무엇보다도 목숨일 테고, 자기 영역이나 새끼들도 소중하다. 소중한 것들이 위협받을 때 분노를 느끼고 행동에 나선다.

인간도 마찬가지 맥락에서 분노를 느낀다. 분노는 인간이 본래 지닌 자연스러운 감정으로서, 그것을 느끼지 않는 사람은 없다. 아무리 온화한 사람이어도 분노를 느낀다. 화내는 모습을 한 번도 보인 적 없는 사람도 있을 수 있고, 한 번도 화낸 적 없다고 자부하는 사람도 있을 수 있지만, 분노라는 감정이 없는 사람은 없다. 그렇지 않으면 살아갈 수 없기 때문이다. 우리는 위험을 감지했을 때 자신의 생명을 지켜야 한다.

눈앞에 천적이 나타나 달려들려고 할 때, 우리가 목숨을 지키기 위해 할 수 있는 것은 두 가지뿐이다.

싸우든가, 혹은 도망가든가.

싸우든 도망가든 일단 몸을 싸움에 임하는 상태로 만들 필요가 있다. 이렇게 '몸을 싸울 태세로 바꿀 때' 분노가 필요하다.

분노가 생겨나면 다양한 호르몬이 방출된다. 익숙한 것으로는 아드레날린을 들 수 있다. 아드레날린이 방출되면 심장이 빠르게 박동하며 피가 전신으로 흘러가고, 근육은 긴장된다. 눈앞에 닥친 위험에 대응할 수 있도록 순식간에 몸을 준비시키는 것이다.

그럴 때는 우리 인간도 개나 고양이와 다를 것 없는 상태가 된다. 전신의 털을 곤두세우고 위해를 가하려는 상대를 응시한 채 달려들 타이밍, 혹은 도망갈 기회를 노리며 온몸을 긴장시킨다. 개나 고양이는 상대를 위협할 때 으르렁거리는 소리를 낸다. 우리 인간도 마찬가지로 언성을 높이고 동작을 크게 해서 상대를 위협할 때가 있다.

원래는 생존을 위해 발달한 인체 시스템인데, 현대 사회에서 일상생활을 하며 생명의 위협을 느끼는 일은 거의 없다. 그럼 우리가 지키려 하는 것은 무엇일까? 바로 가치관, 사고방식, 관점, 주의 및 주장, 가족, 친구, 재산처럼 우리가 중요하다고 생각하는 것들이다.

누군가 당신의 말은 틀렸다고 부정한다면 소중히 여기던 의견과 사고방식이 공격받은 셈이다. 그러면 내 의견과 사고방식을 지키고 싶어서 화가 난다. 지키고 싶은 가치관을 부정하는 말이나 행동을 하는 사람을 보면 자기 자신을 부정당하는 것과 똑같다고 받아들이는 것이다.

엄밀히 말해서 화가 난 사람은 자기가 먼저 남을 공격하는 것이 아니라 우선 위험을 감지하고, 그 위험에서 어떤 소중한 것을 지키기 위해 화를 내는 것이다. 분노는 선제공격이 아니라 방어를 위한 공격이다. 화가 난 사람 입장에서는 정당방위일 테니 자기가 나쁜 짓을 했다는 느낌을 받기 어렵다. 나쁜 것은 상대방이고, 상대가 먼저 공격하니까 되받아친 것에 불과하다고 느낄 것이다.

화내는 것 자체가 나쁘다고는 할 수 없다. 분노는 닥쳐

오는 위험에 대한 자연스러운 반응이니까 위험이 닥쳤다고 느꼈다면 화를 내야 한다. 그런 상황에서 화를 낼 수 없다면 위험에 노출되어도 아무것도 하지 못한 채 자신의 안전조차 확보할 수 없을 것이다.

정의감이 강한 사람은 지키고 싶은 것이 많은 사람이다. 정의를 소중히 여기니까 정의롭지 않은 것은 받아들일 수 없다. 하지만 우리가 살고 있는 세계는 모든 것이 그렇게 올바르고 깨끗하기만 한 곳은 아니다. 사회생활을 하다 보면 뭐가 옳은지 그른지 구분하기 쉽지 않을 때가 많다. 정의감이 강한 사람은 그런 현실 사회 안에 존재하는 잘못된 것, 옳지 않은 것이 하나하나 거슬린다. 늘 올바르지 않으면 안 된다고 믿기 때문이다.

'너무 맑은 물에서는 큰 물고기가 살지 못한다(水淸無大魚)'라는 말이 있다. 가리는 게 많고, 그 기준을 타인에게도 과도하게 요구하면 주위에 사람이 모이지 않는다는 뜻이다. 언제 어디서나 누구에게든 고결하고 올바르게 행동하기란 어렵다. 사람은 나약한 존재이며 사소한 유혹에 쉽게 굴복한다. 평소에는 교통신호를 잘 지키는 사람도 시간에 쫓길 때 주위에 보는 사람이 없고 다가오는 차도 없는 횡단보도 앞에서는 빨간 신호등을 무시하고 건너 버릴 수도 있다. 또 클럽이나 여행지처럼 일상에서 벗어난 장소에 가면 평소에는 하지 않을 부끄러운 짓도 곧잘 저지르게 되는 법이다.

정의감이 강한 사람은 자신이나 타인에게 관대하지 못하다. 그런데 자신의 잘못은 의식하기 힘들고 남의 잘못은 잘 보이니 남에게만 가혹하게 되기 쉽다. 자신은 어쩔 수 없는 상황에서 불가피하게 잘못을 저지르는데, 남의 사정은 알지 못하고 그 사람의 잘못만 눈에 보이기 때문이다. 그러면서 자신이 소중히 여기는 가치를 어기는 사람이 자신을 공격한다고 느낀다.

분노가 생겨나는 구조

분노가 탄생하는 구조를 살펴보자. 분노의 탄생 과정은 라이터에 빗대어 설명할 수 있다.

라이터의 불은 분노다. 라이터에 불을 붙이려면 일단 점화 버튼을 눌러서 불꽃을 일으켜야 한다. 그 불꽃이 가스와 만나야 비로소 불이 되어 타오르는 것이다.

점화 버튼이 눌리는 것은 자신이 믿던 '~해야 한다'가 배신당했을 때다.

예를 들면 음주운전 사고를 일으켜서 하차했던 연예인이 금방 복귀하는 것을 보면 분노의 불꽃이 튄다. 하지만 불꽃이 튀었다고 반드시 불이 되어 타오르는 것은 아니다. 부정적인 감정과 상태가 가스 역할을 할 때 불꽃이 불길이 되어 타오른다.

부정적인 감정은 불안함, 괴로움, 고통스러움, 슬픔, 외로움, 고독감, 죄책감 같은 것들이다. 부정적인 상태란 피곤하다, 잠이 부족하다, 스트레스가 쌓였다, 배가 고프다, 몸 상태가 나쁘다 같은 것을 말한다. 똑같은 일이어도 대단히 불쾌하게 느낄 때가 있고, 아무렇지 않을 때도 있다. 그 차이를 만들어 내는 것이 바로 이 부정적인 감정과 상태다.

부정적인 감정이 크고 부정적인 상태가 심하다는 것은 가스가 가득 차 있는 것과 같아서 분노의 불도 크게 타오른다. 반대로 부정적인 감정이 없거나 작을 때, 부정적인 상태가 아니거나 심하지 않을 때는 가스가 없는 셈이니까 분노의 불꽃이 튀어도 잠깐 짜증을 느끼고 만다.

그러므로 분노의 불꽃을 크게 키우지 않는 방법은 두 가지다. '~해야 한다'는 믿음이 배신당하는 횟수를 줄이거나, 아니면 부정적인 감정과 상태를 완화하는 것이다.

코로나19 팬데믹과 이어진 경기 침체 상황에서 많은 이들이 앞날이 보이지 않는 현실에 불안을 느끼고 있다. 생활 방식이 바뀌는 바람에 예전보다 더 스트레스를 느끼고, '확찐자'라는 신조어가 생길 정도로 몸을 움직일 기회가 줄어들어 건강이 나빠지는 등 부정적인 감정과 상태가 만연해졌다. 분노의 불꽃에 연료가 되어줄 가스가 평소보다 많아졌으니 원래라면 그다지 신경 쓰이지 않을 일에도 평소 이상으로 큰 분노를 느끼는 사람이 많아진 것이다.

내가 운영하는 앵거 매니지먼트 협회에 들어오는 상담 중에도 '스스로 느끼기에 요즘 화가 많아진 것 같다', '자꾸 화를 내는 나 자신이 무섭다' 같은 내용이 눈에 띈다.

나의 정의와 당신의 정의

정의는 언제나 옳은 것, 절대로 바뀔 수 없는 것일까? 누구나 동의하는 정의가 있을까? 현실에서는 내가 생각하는 정의와 타인이 생각하는 정의가 다를 수도 있고, 대체적인 개념에는 동의하더라도 특정 상황이 정의에 부합하는지, 그렇지 않은지 판단할 때 큰 차이를 보인다.

유명한 트롤리 딜레마를 살펴보자.

통제 불능 상태의 기차가 오른쪽으로 돌진하고 있다. 그대로 두면 철로에서 작업하고 있던 다섯 명이 사고를 당하게 된다. 나는 선로 변환기 앞에 서 있다. 만약 내가 변환기를 조작해 재빨리 선로를 바꾸면 기차는 다섯 명의 작업자 쪽이 아니라 한 명의 작업자가 일하고 있는 쪽으로 방향을 바꾸게 된다.

그렇게 하면 비록 한 명이 희생되지만 다섯 명을 구할 수 있다. 작업자에게 미리 위험을 알리는 것은 불가능하다. 그대로 아무것도 하지 않든가, 변환기를 조작하든가 두 가지 선택지가 있을 뿐이다. 나라면 변환기를 조작하겠는가?

어떤 선택을 할지 결정했다면, 다음 단계로 넘어가자.

이번에는 조건을 조금 바꾸었다. 마찬가지로 통제할 수 없는 기차가 오른쪽을 향해 달리고 있다. 그대로 두면 다섯 명의 작업자가 사고를 당하게 된다. 나는 선로 변환기 앞에 서 있다. 변환기를 조작하면 한 명을 희생시키는 대신 다섯 명을 구할 수 있다. 여기까지는 앞 문제와 같다.

그런데 이번에는 작업자들에 대한 정보가 있다. 오른쪽에서 일하는 다섯 명의 작업자들은 흉악한 범죄자들이고, 다른 쪽에 있는 한 명은 내 소중한 가족이다.

그렇다면 나는 변환기를 조작할까? 아니면 아무 일도 하지 않을 것인가?

내용을 다소 바꾸었지만, 이는 트롤리 문제(Trolly Problem)라 불리는 윤리학 분야의 사고 실험이다. 윤리와 도덕의 본질을 성찰하기 위한 고전적인 명제로 알려져 있다.

일반적으로 말하면 첫 질문에서는 다섯 명을 구하겠다는 사람이 다수다. 생명의 무게가 평등하다면 한 사람보다는 다섯 명을 구하는 것이 낫다고 생각하는 사람이 많기 때문이다.

하지만 두 번째 질문에서는 한 명을 구하는 사람이 많아진다. 다섯 명에게는 미안하지만 소중한 가족 한 사람의 목숨이 더 중요하다는 생각이 들기 때문이다. 게다가 그 다섯 명이 흉악범이라는 것을 알고 있으니 자신의 선택에 대한 죄책감도 줄어든다.

하지만 위의 두 질문은 다섯 명을 구할 것인가, 혹은 한 명을 구할 것인가 묻는 것으로, 근본적으로는 같다고 할 수 있다.

어떤 선택을 할 것인가? 다수의 선택처럼, 처음에는 다섯 명을 구하는 것이 정의롭고, 두 번째는 내 가족을 구하는 것이 정의로운가?

정의가 무엇인지 분명히 알 수 있을 것 같지만, 이렇듯 조건 하나만 바꾸어도 판단하기 쉽지 않다.

정의는 관점에 따라서도 다양하게 인식된다.

모든 문화권에는 정의를 수호하는 영웅에 대한 로망이

있다. 배트맨, 원더우먼, 울트라맨, 슈퍼맨 등은 평범한 사람들을 보호하고 정의를 실현하기 위해 악당을 물리친다. 그런데 슈퍼히어로와 악당의 싸움 때문에 종종 거리가 파괴되기도 한다. 만약 악당을 물리치는 과정에서 우리집이 무너졌다면, 정의를 위한 일이니까 어쩔 수 없다고 받아들일 수 있을까? 모든 수리 부담을 스스로 져야 할 때, 그래도 정의라고 생각할 수 있을까? 슈퍼히어로는 법을 지켜가며 악당을 물리치는 걸까? 슈퍼히어로가 하는 일들이 현실에서는 위법 행위가 아닐까?

일반 시민이 거리에서 악당을 물리치기 위해 폭력을 행사한다면, 까다로운 정당방위 요건을 넘어서기 어려워, 쌍방폭행으로 처벌받기 쉬울 것이다. 현실에서는 누구도 악당을 마음대로 처벌할 수 없다. 슈퍼히어로에게는 그럴 권한이 없다. 현대 국가에서는 사적 응징, 자력구제가 원칙적으로 금지되어 있고, 합법적으로 정의를 집행할 수 있는 권한은 경찰이나 사법기관 같은 공권력이 독점한다.

이처럼 정의는 일반적으로 생각하는 것과 달리 상당히 불분명할 때가 많다. 저마다의 입장이나 의견에 따라 구체적인 상황에서는 제각기 다르게 받아들인다.

나치즘을 추종한 사람들의 주요 특성은
고립과 정상적 사회관계의 결여다.
사회에 자기 자리가 없다고 느끼는 사람들은
이데올로기에 개인적 자아를 투영함으로써
목적의식과 자긍심을 되찾으려 한다.

— 한나 아렌트

2장

정의감 중독은 마음의 어둠에서 시작된다

나의 분노에 다수가 공감하는가

1장에서는 정의의 이면을 소개했다. 옳고 그름을 판단하는 것이 생각만큼 쉽지 않다는 점을 이야기했다. 정의는 조건에 따라 이리저리 바뀌기도 하고, 정의를 무기 삼아 자신의 분노를 합리화하는 사람도 있다는 것을 살펴보았다.

그러나 정의는 사회에 필요하고, 정의가 없으면 세상은 질서를 유지할 수 없다. 문제는 정의의 이름으로 분노를 마구 표출하며 타인에게 상처를 주는 행위다. 분노는 세상을 더 낫게 만들고 미래를 건설하기 위한 에너지가 될 수 있다. 인류의 역사를 돌아보면, 정의감에서 나온 분노가 세상을 좀 더 살기 좋은 곳으로 바꿔 왔다는 것을 알 수 있다.

분노에는 사적인 분노와 공적인 분노가 있다. 개인적인 일로 분노를 느끼기도 하고, 나랑 직접 관련이 없지만, 공공의 이익과 권리가 침해당했다고 느껴 분노하기도 한다.

우리는 사적인 분노와 공적인 분노를 모두 느끼지만, 공적인 분노도 남의 일을 내 일처럼 느끼고 공감해야 생겨나므로, 기본적으로 분노는 사적이라고 볼 수 있다. 내가 느끼는 분노가 공공의 정의에 부합할 때 비로소 공적인 분노라고 할 수 있을 것이다. 그렇다고 공적인 분노가 사적인 분노보다 고상하고 우월하다는 의미는 아니고, 공공을 위해 화낸다고 늘 사회에 보탬이 되는 것도 아니다.

지금 거리에서, SNS에서 공공의 정의를 내세우는 일들은 공적인 분노에서 나온 정의로운 행동인지 어떻게 알 수 있을까?

가장 간단한 방법은 주위 사람들에게 물어보는 것이다. 끼리끼리 모이면 편향되기 쉽다. 처음부터 성향대로 모인 커뮤니티가 아니라, 그냥 동네 상점 주인, 이웃 사람, 직장 동료, 가끔 만나는 친척 등 우연히 알게 된 다양한 사람들의 의견에 귀를 기울여야 한다.

연령, 성별, 취향, 직업이 다양한 사람들에게 그 분노가 사회적인 정의에 부합하는지 물어보았을 때, 다수가 공감하고 그 정의를 위해 뭔가 함께 하고 싶다고 말한다면 그것은 공적인 분노, 공공의 정의일 가능성이 크다. 반대로 주위 사람들에게 물었을 때 그다지 흥미를 보이지 않거나, 이해한다고 하면서도 동의를 표현하지 않는다면 사적인 분노일 가능성이 크다.

평소에 무엇이 옳은지 그른지 이야기 나눌 수 있는 사람이 주위에 없다면 자신의 의견에 대한 피드백을 받지 못하니, 편향적인 생각에 빠질 가능성이 커진다. 허심탄회하게 자기 생각을 말할 수 있는 사람들이 주변에 있으면, 외롭지 않고 정서적인 만족감을 느낄 수 있으며, 정의에 대한 균형 감각을 키우는 데도 도움이 된다.

공공의 정의를 판별하는 기준, 빅 퀘스천

여기 사적인 분노와 공적인 분노를 올바르게 판단할 수 있는 기준이 있다. 앵거 매니지먼트(anger management, 분노 조절)에서 '빅 퀘스천(big question)'이라고 부르는 것이다.

빅 퀘스천 : 긴 안목으로 보았을 때 나에게도 다른 사람들에게도 건전한가?

내가 느끼는 분노가 긴 안목으로 보았을 때도 나 자신이나 주위 사람들에게 공감받을 만한 건전한 것인가를 판단해야 한다. 빅 퀘스천에는 네 개의 질문이 감춰져 있다.

1. 자신에게
2. 주위 사람들에게
3. 긴 안목으로 보았을 때

4. 건전한가?

'건전한가?'라는 질문은 그 분노가 몸과 정신에 건전한 것인지 묻는다. 분노를 느끼고 분노가 향하는 방향대로 행동했더니 마음이 혼란스러워지고 몸이 지쳤다면 문제가 있는 것이다.

'긴 안목으로 보았을 때'의 '긴'은 당장 눈앞에서 벌어지는 상황에 매몰되지 말고 훗날 이어질 결과에 주목해야 함을 의미한다. 눈앞에서 벌어지고 있는 일에만 집중하면 분노에 몸을 맡기고 행동해서 속이 풀리는 것이 낫다고 생각할 수도 있다. 하지만 분노에 휩쓸려 행동하면 많은 경우 후회를 동반하게 된다.

공적인 분노라면 당연히 주위 사람들에게 좋을 것이다. 그렇다고 남에게는 좋지만, 나에게는 좋을 게 없는 분노라면 자신을 희생하는 셈이 되니, 지속해서 일관되게 행동하기 어렵고 몸과 마음이 지치기 쉬워, 이것 역시 긴 안목으로 보았을 때 건전하다고 할 수 없다.

팬데믹 초기에 사람들은 코로나19 환자가 발생한 지역에서 온 이들을 경계하고 감시하기까지 했다. 어떤 이들은 그런 지역의 번호판을 단 차량을 보면 어서 돌아가라는 항의 메모를 붙이기도 했다. 그렇다면 이들의 분노를 공적인 분노라고 할 수 있을지 빅 퀘스천을 통해 살펴보자. 이해하기 쉽게 4번 항목부터 검토한다.

4. 건전한가?

우리는 특정 지역의 차량에 항의 메모를 붙일 권리가 없다. 항의 메모를 날아가지 않게 접착력이 강한 테이프로 붙이다가 차에 손상을 입히면 기물 파손이 될지도 모른다. 또한 상대가 납득하기 어려운 분노에 휩쓸려 행동하면 자신의 정당성을 주장하는 과정에서 상대와 대립하며 오히려 자신이 지키려 했던 지역사회에 분쟁을 일으킬 수 있다.

3. 긴 안목으로 보았을 때

감염병에 대한 공포에 휩싸여 있을 때는 환자가 발생한 지역에서 우리 동네로 이동한 자동차 주인을 내쫓아야 한다는 사명감을 느낄 수도 있다. 하지만 냉정을 되찾은 후, 앞으로 몇 년이 지난 후, 또는 자신과 생각이 다른 사람들 앞에서, 그것이 옳은 행위였다고 단언할 자신이 있는가?

분노에 휩쓸려 행동했지만 결국 하지 말아야 했던 행동, 지나친 행동이었다고 후회하는 날이 오지 않을까?

2. 주위 사람들에게

그 행동으로 주위 사람들에게 피해가 갔거나 불쾌함을 주었을 가능성은 없는가? 법을 어긴 것도 아닌데 알지도 못하는 남이 갑자기 익명으로 항의 메모를 붙이면 그 사람은 어떤 기분이 들까? 그런 행동을 할 때 가족이나 친구, 지인과 다투지는 않았는가? 가까운 사람들의 만류를 무릅쓰고 고집을 부렸다면, 그것은 내게 소중한 사람들에게도 상처 주는 일이다.

1. 자신에게

그 일을 하면 나 자신에게는 어떤 이익이 있는가? 그저 눈앞에 있는 마음에 안 드는 사람을 심판하고 싶은 것에 불과한 것은 아닌가? 사실은 다른 일 때문에 느낀 분노를 우연히 마주친 누군가에게 풀려는 것은 아닌가? 그런 행동을 한들 나 자신에게 아무런 보탬이 되지 않는다.

이렇게 하나하나 살펴보면, 감염병 위기 상황에서 다른 지역의 자동차 번호판을 감시하는 사람이 느끼는 분노가 빅 퀘스천을 충족하는 분노가 아니라는 점은 분명하다. 물론 구제역이나 조류독감이 발생해 큰 피해가 예상되는 상황에서 정부가 축산차량 이동을 통제하는 조치를 취했다면, 문제의 성격이 달라진다. 이런 상황이라면 피해 당사자가 될 수 있는 농가가 이를 어긴 사람을 신고하거나 직접 경고할 이유와 명분이 충분하다.

개인적인 분노가 사회적으로도 타당한 공적인 분노임을 인정받는다면 엄청난 무기를 손에 넣은 셈이다. 지금 느끼는 분노가 곧 세상 다른 사람들의 분노가 되니 세상이 나와 같은 방향으로 움직일 것이기 때문이다. 이러한 분노의 긍정적인 측면은 전작 『당신의 분노는 무기가 된다』에서 자세히 다루었다.

반대로 공공의 정의를 대변하는 것이라고 느끼는 분노가 사실은 혼자만의 착각에 불과하다면 무엇 하나 얻을 것이 없다. 좋든 나쁘든 분노는 큰 에너지이기에 긍정적으로 작용하지 않는다면 향할 곳은 부정적인 방향일 뿐이다. 그렇게 되면 자기 자신을 분노로 태워버리게 된다.

정의감은 어디서 생겨나는가

정의감은 가치관에서 나온다. 우리의 가치관은 '핵심 믿음(core belief)'에서 비롯된다. 정의감의 기원이 되는 핵심 믿음이 무엇인지 살펴보자.

핵심 믿음은 마음속에 있는 사전이라 할 수 있다. 모르는 단어가 나오면 사전을 찾아보면 된다. 마찬가지로 일상생활 속에서 어떤 사건을 마주하면 무슨 의미를 가진 일인지 이해하기 위해 마음속에 있는 사전, 즉 핵심 믿음을 확인한다. 핵심 믿음에 기초해 그 일에 의미를 부여하는 것이다. 의미를 부여함으로써 좋은 일인지, 나쁜 일인지, 나에게 중요한 일인지 아니면 신경 쓸 필요 없는 일인지 판단할 수 있다.

핵심 믿음에 비추어 볼 때, 정의롭지 않다, 부도덕하

다, 윤리에 어긋난다고 해석되면, 그로부터 정의감이 솟아난다.

예를 들어 A와 B가 거리에서 담배를 피우며 걷고 있는 사람을 목격했다. A와 B는 이 구역에서 보행 중 흡연이 금지되어 있으며, 흡연 구역도 따로 마련되어 있다는 사실을 알고 있다.

A의 핵심 믿음 : 보행 중 흡연은 해서는 안 될 행위다.

B의 핵심 믿음 : 길거리에서 담배 정도는 자유롭게 피울 수 있어야 한다.

대도시에 사는 A는 다음과 같은 방식으로 사고한다.

1. 걸어가면서 담배를 피우는 사람을 발견했다.
2. 이 상황을 이해하기 위해 핵심 믿음을 확인한다. 그의 핵심 믿음은 '보행 중 흡연은 해서는 안 될 행위다'라는 것이다.
3. '이 사람은 나쁜 짓을 하고 있다', '부도덕하다'라는 의미를 부여한다.

4. 눈앞에서 벌어지는 나쁜 짓을 막고 싶은 정의감을 느낀다.

이 정의감에서 분노가 발생하고, 분노는 행동을 촉발한다. A는 길을 걸으며 담배를 피우는 사람에게 "이곳은 보행 중 흡연이 금지된 곳이에요"라고 말한다.

한편 흡연율이 높은 지역에 살며 자신은 물론이고 친구 중에도 흡연자가 많은 B는 아래와 같이 사고한다.

1. 걸어가면서 담배를 피우는 사람을 발견했다.
2. 이 상황을 이해하기 위해 핵심 믿음을 확인한다. 그의 핵심 믿음은 '길거리에서 담배 정도는 자유롭게 피울 수 있어야 한다'는 것이다.
3. '요즘 흡연자를 부당하게 취급하는 곳이 많다', '흡연권을 무시하는 세상이 문제다'라는 의미를 부여한다.
4. 그런 세상으로부터 흡연자의 권리를 지켜야 한다는 정의감이 생겨난다.

A와 B 모두 걸어가며 담배를 피우는 사람을 보고 정의

감을 느꼈지만, 그 내용은 전혀 다르다. A는 공공질서를 어지럽히는 사람에 대해 분노를 느꼈고, B는 흡연자의 권리를 침해하는 사회에 대해 분노를 느꼈다. A와 B의 입장은 서로 정반대이지만 두 사람이 느끼는 것은 모두 정의감에서 생겨난 분노이다. 각자의 핵심 믿음에 따라 정의감의 내용이 달라지는 것이다.

이번에는 C의 경우를 살펴보자. C의 핵심 믿음은 A와 마찬가지로 '보행 중 흡연은 해서는 안 될 행위다.'라는 것이다.

1. 걸어가면서 담배를 피우는 사람을 발견했다.
2. 이 상황을 이해하기 위해 핵심 믿음을 확인한다. 그의 핵심 믿음은 '보행 중 흡연은 해서는 안 될 행위다'라는 것이다.
3. 바람직하지 못한 행동을 하는 사람이 있지만, 당장 나나 다른 사람에게 피해가 가는 것도 아니니까 상관할 필요 없다는 의미를 부여한다.
4. 별다른 정의감을 느끼지 않는다.

A와 C는 똑같은 핵심 믿음이 있다. 하지만 같은 상황에서 그에 대한 의미 부여와 발생하는 감정은 서로 다르다. 이 차이는 핵심 믿음에 대해 어느 정도 유연성이 있는가에 달려 있다.

A는 '보행 중 흡연은 해서는 안 될 행위다'라는 핵심 믿음을 절대적인 가치로 여긴다. C도 '보행 중 흡연은 해서는 안 될 행위다'라고 믿지만, 애초에 지방자치단체에서 보행 중 흡연을 금지한 취지가 타인에게 피해를 주지 않기 위한 것이므로, 실제로 누군가에게 피해가 가는 상황이 아니라면 그냥 넘어갈 수도 있다고 본다. A는 보행 중 흡연에 절대로 허용할 수 없는 행위라는 의미를 부여하지만, C는 보행 중 흡연이 실제로 피해를 주지 않는다면 상관할 필요 없는 일이라는 의미를 부여한다.

우리는 일상생활, 일, 육아 등 다양한 상황에서 마주치는 여러 사건에 대해 이처럼 일일이 자신의 핵심 믿음을 확인하고 의미를 부여한다. 사람들은 이런 과정을 거쳐 정의감을 느끼고 분노를 표출한다.

우리 마음속에서 이런 과정이 진행되는 시간은 의식하지 못할 만큼 짧다. 순간적인 판단이 즉각적인 신체 반응과 행동으로 이어진다. 자신의 가치와 성향을 잘 파악하고 분노 조절에 익숙해지면 이런 마음의 움직임을 이해할 수 있게 되고, 자신의 정의감이 무엇에 반응하여 발생한 것인지 알게 된다. 그런 내면의 과정을 의식하게 되면 정의감이 유발하는 분노에 휘둘리지 않을 수 있다.

핵심 믿음은 어떻게 만들어지는가

이렇듯 핵심 믿음은 정의의 기원이 된다. 그런데 애초에 핵심 믿음 자체는 어떻게 만들어지는 걸까?

우리가 세상을 살아가며 학습하고 경험한 것들이 핵심 믿음을 이룬다. 우선 가정 교육과 훈육이 핵심 믿음의 토대가 된다. 무엇이 옳고 무엇이 그른지, 어떤 일은 하면 좋고 어떤 일은 하면 안 되는지 양육자는 의식적으로 또 무의식적으로 아이에게 가르친다.

- 밥은 남기지 말고 다 먹어야 한다.
- 편식하면 안 된다.
- 거짓말을 하면 안 된다.
- 다른 사람에게 친절해야 한다.

- 자기 일은 스스로 한다.
- 공부는 반드시 해야 하는 중요한 일이다.
- 부모님의 말씀을 잘 들어야 한다.
- 성실하게 학교생활을 해야 한다.
- 친구와 사이좋게 지내야 한다.
- 약속은 지켜야 한다.
- 규칙을 준수해야 한다.
- 준비물을 잘 챙겨야 한다.
- 남자는 남자답고, 여자는 여자다워야 한다.
- 한 번 정했으면 끝까지 해야 한다.
- 인내는 훌륭한 것이다.
- 잘못하면 벌을 받는다.
- 노력하면 보상받는다.

(……)

부모는 아이에게 절대적인 존재이다. 가족 이외의 세계를 제대로 접하기 전에는 부모의 세계관과 가치관이 모든 일의 기준이 된다. 부모의 가르침이 핵심 믿음이 되는 것이다.

누구나 성장하면서 부모의 말과 행동이 다 맞는 것이 아님을 알게 된다. 부모로부터 옳은 것이라고 배웠고 자신도 옳다고 믿어 왔던 것들이 나중에 보니 별로 일반적이지 않고 특이한 습성인 경우도 많다.

옳다고 믿어 온 신념이 스스로를 괴롭히기도 한다. 자신을 괴롭히는 존재가 된 내면의 사전을 핵심 믿음 중에서도 '무익한 핵심 믿음'이라 부른다. 이에 대해서는 4장에서 자세히 설명한다.

가족이 세계의 전부인 어린 시절에는, 또는 소속집단과 핵심 믿음을 공유하는 동안에는 대개 이와 관련된 갈등을 겪지 않는다. 그러나 어린이집, 유치원, 초등학교 등 바깥 세상과의 접점이 많아지면서 상황이 바뀌기 시작한다.

선생님이나 친구들의 사고방식, 말, 행동, 자신의 경험 등을 통해 핵심 믿음이 수정되거나 강화된다. 점점 모습을 바꿔가며 때로는 아예 재설정되기도 한다. 핵심 믿음은 한 번 만들어지면 그것으로 끝이 아니라, 계속 변화해 나간다.

그렇더라도 어린 시절 부모의 가르침은 일생에 걸쳐 개인의 핵심 믿음에 강력한 영향을 끼친다. 부모를 통해 형성된 핵심 믿음이 내면의 욕구나 소속집단과 모순되어 갈등을 빚는 경우가 흔하다.

나는 '부모의 기대에 부응해야 한다'라는 핵심 믿음 때문에 오랜 세월 스스로를 괴롭혀 왔다. 서른세 살까지 내 인생은 나를 위해 존재하는 것이 아니라는 생각에 사로잡혀 있었다.

부모님은 공무원이나 TV 광고를 할 정도의 대기업 사원이 아니라면, 별로 가치 있는 직업이 아니라고 여기는 편이었다. 하지만 내 경력은 캐나다에 있는 작은 벤처기업에서 시작되었다. 나는 새로운 일에 도전하는 그 회사를 참신하게 느껴 그곳에서 능력을 발휘하고 싶었다.

하지만 부모님은 아무도 모르는 회사에서 일하는 게 무슨 가치가 있느냐, 무슨 보탬이 되느냐며 부정적인 말들로 내 기를 꺾었다. 내가 하고 싶은 일을 선택한 것뿐인데 가장 가까운 사람들이 만류하니, 내 선택은 잘못된 것이 아닌지 다른 길을 찾아야 하는지 고민에 빠졌다.

그러다가 업무차 미국에 가게 되었다. 미국인 친구들에게 고민을 털어놓았더니 자기 인생인데 뭐하러 고민하냐는 어리둥절한 눈빛이 돌아왔다. 내게는 너무도 당연한 '부모의 기대에 부응해야 한다'라는 믿음이 그 친구들에게는 고민할 거리조차 되지 않는다는 것에 충격을 받았다.

물론 미국인 중에도 부모님의 기대에 맞추려고 노심초사하는 사람들이 있을 것이다. 그러나 장남으로서 부모님의 높은 기대를 받고 자라나 부모님께 맞춰야 할지 자신의 기준으로 살아야 할지 고민하는 것은 강력한 가부장제 문화권에서 훨씬 더 보편적이다.

나중에 앵거 매니지먼트를 체계적으로 배우면서 오랫동안 나를 괴롭혔던 핵심 믿음을 고쳐 쓸 수 있었다. 지금은 그 때문에 자책하는 일은 없어졌다.

이제까지 배우고 경험한 것 중에서 옳다고 믿는 것들이 생겨난다. 정의감을 유발하는 핵심 믿음에는 이러한 '옳다는 감각'이 작용한다.

규칙은 반드시 지켜야 한다는 핵심 믿음이 강한 사람은 사소한 규칙 위반도 정의에 위배된다고 여길 수 있다. 인내가 위대하다고 믿는 사람은 인내심이 없는 사람을 보면 견딜 수 없다. 나는 여행하고 싶은 마음을 꾹 참고 있는데 팬데믹 상황에서 마음대로 돌아다니며 여럿이 어울려 파티를 하는 사람들을 보면 옳지 못하다는 생각에 화가 난다.

핵심 믿음에 어긋난 행동을 하는 사람을 보면 무의식중에 나를 위협하는 존재로 받아들이게 된다. 핵심 믿음이 내 정체성을 형성하고 있으므로, 핵심 믿음에 어긋난 행위를 나에게 적대적인 행위로 여기게 되는 것이다. 그래서 내게 소중한 것을 지키기 위해, 나 자신을 지키기 위해 방어 감정인 분노가 생겨난다.

해결되지 않은
마음속 어둠에서 비롯된 분노

최근 들어 정의감 때문에 분노하는 사람을 자주 본다. 요즘 사람들이 더 정의감이 강해서 그런 걸까? 인터넷과 SNS가 대중화된 후, 코로나19 팬데믹 상황에서 정의감 때문에 화내는 사람들을 많이 목격하게 된 이유는 무엇일까? 혹시 사람들이 해결하지 못한 내면의 문제로 마음에 화가 차 있던 중, 그 분노의 배출구에 그럴듯한 명분을 붙여 정의감으로 포장한 것이 아닐까?

분노는 어디로든 이동할 수 있는 편리한 감정이다.

예를 들어 회사에서 상사에게 질책당해 짜증이 난 직장인이 있다. 이 감정은 상사와의 관계에서 발생했지만 그대로 집에 들고 갈 수도 있다. 회사에서 얻은 불쾌감을 집에 가져갈 수 있듯, 아침에 부부싸움으로 생긴 화를 품고 회사에 출근할 수도 있다.

게다가 분노의 칼끝은 고정되어 있지 않다. 분노는 대상을 가리지 않고 어디에나 분출될 수 있다. 상사와의 관계에서 얻은 분노를 집으로 가지고 돌아와서 가족을 향해 발산한다. 부부싸움으로 생긴 분노를 회사에서 터뜨릴 수도 있다. 이런 식으로 분노는 생겨난 장소에서 해소되는 것이 아니라 장소와 대상을 바꾸며 움직일 수 있다. 이것을 우리는 '화풀이'라고 부른다.

앵거 매니지먼트를 모르는 사람, 분노의 감정을 잘 다루지 못하는 사람은 자신의 감정이 어디서 생겨났는지 성찰하기에 앞서 발산할 곳을 찾는다. 이처럼 분노의 원인을 모른 채 발산하게 되면 대체로 잘못된 방향으로 분출되기 쉽다.

스트레스를 해소하려고 폭식과 폭음을 하면, 몸 상태가 나빠지고 자제력이 약해져 부정적인 감정이 더 강해지고 엉뚱한 사람에게 화풀이하게 되기 쉽다. 건설적이지 않은 방법으로 분노를 발산하면 그로 인해 부정적인 감정과 결과가 한층 심해진다.

한편 '화를 내면 안 된다', '화를 내면 다른 사람들이 상처를 받을 것이다'라고 생각하는, 마음이 여린 사람들은 자기 안에 화를 쌓아둔다. '내가 나쁜 건지도 몰라', '이런 일로 화를 내다니 난 참 어리석어'라며 스스로를 탓하거나 자기만 참으면 아무 문제 없을 거라는 생각에 감당할 수 없을 만큼 화를 끌어안고 있다가 몸과 마음이 병들어 간다.

사람은 살다 보면 반드시 분노를 느끼게 된다. 특히 감염병 위기로 일상생활에 제약을 받고 물가가 오르고 경기가 침체되면 부정적인 감정과 태도가 사회에 팽배해진다. 분노의 불꽃을 활활 타오르게 할 가스가 늘 충만하게 채워져 있는 것이다. 그러다 보니 사소한 일에도 곧장 거대한 분노의 화염을 뿜어 올린다.

모든 사람이 늘 완벽하게 도덕적으로 살기란 어렵다. 별로 나쁜 짓 안 하고 착하게 살고 있다고 자부하는 사람들도 횡단보도까지 멀리 돌아가기가 귀찮아서 무단횡단을 하고, 운전하면서 담배를 피우다가 꽁초를 길바닥에 버린다. 행락객이 휩쓸고 간 유원지에는 곳곳에 쓰레기가 뒹굴고 있다. 이런 경우는 잘못임을 알면서도 불편하고 번거로워 편의대로 행동하는 것이지만, 뭐가 맞고 틀린 것인지 판단하기 어려운 경우도 많다.

다 함께 최선을 다해 문제를 해결하려 해도 관점이 달라서 서로 다른 정의를 추구하기도 한다. 팬데믹 상황에서 이런 문제가 대두되었다. 사람의 목숨이 우선인가, 경제가 우선인가.

감염병 확산을 막으려면 사람의 이동을 제한하는 것이 옳다. 한편, 이동이 제한되면 지역 경제가 마비되어 수많은 사람이 생계에 곤란을 겪게 되므로, 경제를 위해 일상생활에 대한 제약을 최소화해야 한다고 생각할 수도 있다.

양쪽 다 공공의 이익을 주장하지만, 그것을 실천하려는 대책은 상반된다. 양쪽 의견을 보고 들은 제3자는 '어느 쪽이 옳은지' 자신의 핵심 믿음에 비춰보아 의미를 부여할 것이다. 전 세계에서 이와 관련된 수많은 갈등이 발생했다. 특정 입장을 강력하게 지지하는 사람으로서는 바람직하지 못한 행동을 하는 사람을 많이 목격하게 된 셈이다.

외출을 자제해야 한다고 믿는 사람은 집에 머물라고 주장한다. 경제활동이 중요하다고 믿는 사람은 밖으로 나간다. 그 사이에서 갈등이 발생하고, 자신과 반대로 행동하는 상대에게 반발하는 것은 자연스럽다.

문제는 여기서부터다. 분노를 느낀 다음 실제로 어떤

행동을 할 것인가.

현대 민주주의 국가에서는 공동생활의 규범으로 법을 제정하고, 집행은 공권력에 위임한다. 일반 시민은 공권력이 아니므로 타인을 심판할 수 없다.

하지만 '나쁜 짓을 하면 벌을 받아야 한다'라는 강한 핵심 믿음을 지닌 사람 중 일부는 상대가 나쁜 짓을 했으니까 자신이 공권력을 대신해 판결을 내리고 처벌하려고 나서기도 한다. 그래서 방역지침을 어긴 사람을 찍어 인터넷에 올리고 개인 정보를 노출하기도 한다.

이런 행동을 서슴지 않는 사람 중에는 내면에 분노를 쌓아두고 있다가 우연히 발견한 상대에게 정의라는 대의명분을 내세워 분노를 터뜨리는 사람도 있을 것이다. 화의 근원이 되는 문제를 스스로 해결하지 못한 채 외면하고, 화풀이하기 쉬운 대상에게 울분을 푸는 것이다. 평소 분노를 쌓아두지 않았다면, 이렇게 행동했을까?

근본적인 문제를 해결하지 못하고 해결할 방법도 모르는 상태에서 화를 분출할 상대를 끊임없이 찾아 헤매는 사람들이 있다. '아무것도 되는 일이 없어', '왜 나만 이런 꼴을 당해야 해'라는 억울함과 피해의식이 그들의 화풀이를 정당화한다.

하지만 아무리 화풀이해도 속은 풀리지 않는다. 화풀이한다고 마음속에 있는 어둠이 걷히는 것은 아니기 때문이다.

나와 직접 관련되지 않은 일에, 또는 남들은 별로 개의치 않는 일에 정의가 배신당한 것 같아 강한 분노를 느꼈다면, 그 분노 속에 해결해야 할 다른 문제가 숨어 있는 것은 아닌지 자신의 내면을 들여다봐야 한다. 내면의 진실을 깨닫지 못하면, 과잉면역반응으로 면역체계가 외부의 침입자가 아닌 자기 자신을 공격하는 '자가면역질환'처럼, 스스로를 보호하기 위해 생겨난 분노가 방향을 바꾸어 자신의 몸과 마음을 공격할 수 있다.

정의감이 폭주하는 조건

지금은 정의감이 폭주하기 좋은 조건이 모두 갖춰진 시대라 할 수 있다.

정의감이 폭주하기 좋은 장소로서 가장 먼저 들 수 있는 곳은 인터넷이다. 앞서 언급했듯, 온라인 세상에서 하루에 세 건의 악플 사건이 일어난다는 통계가 있다. 이런 사건은 보통 누군가가 정의감을 발휘해서 타인을 공격하는 경우가 대부분이다. 인터넷에서 정의감을 발휘하기 쉬운 가장 큰 이유는 익명성 때문이다. 인터넷상의 주소라고 할 수 있는 IP 주소를 추적하면 악의적인 댓글을 남긴 사람을 특정할 수 있지만, 기술적으로나 법적으로나 아무나 쉽게 시도하긴 어렵다. 그래서 인터넷 공간을 자기만의 정의를 마음껏 이야기할 수 있는 장소로 여기는 사람이 많다. 나는 앵거 매니지먼트 협회를 운영하며 업무상 사람들이 무엇을 향해 분노하는지 조사하기 위해 뉴스의 댓글 창을 자주 확인하는데, 그 안에서 정말 셀 수 없을 정도로 다양한 종류의 정의감을 토로하는 글들을 목격한다.

'여기에 이런 글을 쓰는 게 무슨 소용이 있을까?'라고 느낄 때가 많다. 그러나 쓰는 사람은 누군가 자신의 글을 보고, 때로 '좋아요'를 눌러서 인정해 주는 사람도 있다는 만족감 때문에 정의감에 가득 찬 댓글을 달 것이다.

이런 댓글의 목적은 뉴스에 보도된 당사자에게 가 닿는 것이 아니라 댓글을 읽는 사람에게 승인받는 것이다. 그것으로 충분하다. 뉴스의 주인공이 절대 읽을 리 없는 기사에도 많은 댓글이 달린다는 점에서도 그 점을 알 수 있다.

가령 외국의 한 유명인사가 크리스마스 때 가족을 놀라게 해주려고 개를 데리고 집에 돌아갔더니 가족이 당혹스러워했다는 뉴스가 있었다. 그 뉴스의 댓글난에는 각자가 생각하는 온갖 정의가 난무했다. "반려견은 가족과 의논한 후 맞이해야 합니다." "반려견 입양이 깜짝 선물이라니 어이없다." "유명하다고 허용될 일이 아니다." "동물의 생명을 우습게 생각했다." (……)

다른 나라 언어로 쓰인 이런 댓글을 그 유명인이 읽을 리 없다. 쓴 사람도 당사자가 자기 댓글을 읽을 거라고 기대하지 않았을 것이다. 그래도 참지 못하고 쓰는 것은 자신의 의견에 세상 사람들이 관심을 보이고, 옳다고 인정해 주길 바라기 때문이다.

해외 유명인사가 뭘 하든 우리 인생과는 아무 관계도 없다. 평소 동물 보호 운동에 앞장서 온 사람이 영향력 있는 유명인의 행동을 방관할 수 없었다면 그 사람에게는 정말 중요한 일이었겠지만, 댓글을 단 사람 대부분은 그렇지 않을 것이다.

그동안 분노 조절에 어려움을 느끼는 수많은 내담자와 상담하면서 알게 된 것은, 상대에게 닿지 않을 무익한 정의감을 폭주시키며 화내는 사람은 평소 내 자리가 없다, 나를 받아주는 사람이 없다고 느끼는 사람이라는 것이다. 생활하는 곳에서 인정받지 못하고 받아들여지지 않는다고 느끼니까 자신을 인정해 주고 받아줄 곳을 찾아다니는 것이다. 온라인 세상은 의견을 댓글로 남기는 것만으로 자신이 옳다고 주장할 수 있는 곳이다.

온라인 뉴스의 댓글난은 분량도 짧고, 금세 다른 댓글들 뒤로 밀려 자기 의견에 부정적인 답글이 달려도 모르고 지나가는 경우가 많다. 이런 부분도 비난성 댓글을 다는 사람에게는 부담 없고 편리하다.

정의를 내세워 화내는 사람 중에는 고독한 사람이 많다. 고독감을 채우고 세상에 참여하는 방식이 남에게, 이 세상에 시비를 거는 것이다.

고독은 가족이나 고정적인 직장이 있고 없고와는 상관없는 문제다. 주변에 사람이 있는지가 아니라 사람들 사이에 자기 자리가 있다고 느낄 수 있는지가 중요하다. 주변에 사람이 넘쳐도 자기 자리는 없다고 느낀다면 고독감은 도리어 강해진다. 반대로 혼자 있어도 자기 자리가 있다고 느끼는 사람은 고독감을 느끼지 않는다. 사랑하는 사람이 먼 곳에 있어도, 혼자 지내는 시간이 많아도, 자신이 소중한 사람들에게, 이 세상에 환영받는다고 느낀다면 고독하지 않다.

인정받고 있다고 느끼는 사람에게는 이야기를 들어 줄 사람이 많다. 굳이 잘 알지도 못하는 사람에게 정의를 설교할 필요도 없고, 화낼 일도 없다.

정의를 무기처럼 휘두르는 사람은 아무리 댓글을 남기고 실제로 행동에 나서도 마음이 채워지지 않을 것이다. 고독감도 메울 수 없다. 고독의 뿌리에는 주변 사람들에게 받아들여지지 않는 자신을 스스로도 받아들이지 못한다는 문제가 도사리고 있다.

스스로 자신을 받아들이지 못하는 것은 바닥에 구멍이 뚫린 컵에 계속 물을 붓는 것과 마찬가지다. 환경이 바뀌어 주변에서 자신을 인정해 주어도 물은 쉽사리 차오르지 않는다. 우선해야 할 일은 물을 찾아 헤매는 것이 아니라 마음의 바닥에 뚫린 구멍을 막는 것이다.

왜 정론은 미움받는가

정의감 때문에 화내는 사람은 정론을 말한다. '正論'은 문자 그대로 정당하고 올바른 말, 옳고 그름을 드러내는 말이다. 그런데 일상생활에서 정론을 이야기하면 대개 사람들이 싫어하게 마련이다.

앞서 언급한 해외 유명인사의 반려견 뉴스 댓글들 역시 나름의 정론을 펼친 글들이다. 반려동물 입양은 가족이 잘 의논한 후 신중하게 결정해야 할 사안이고, 깜짝 선물로 가족을 기쁘게 하겠다는 즉흥적인 발상을 하기보다는 반려견을 키우는 것이 가족 구성원 각자에게 어떤 의미일지, 어떤 의무와 책임이 따르는 일일지 먼저 확인해야 한다. 댓글들은 모두 고개를 끄덕일 만한 타당한 내용이다. 하지만 사람은 늘 정론대로 살 수 있는 존재일까? 아무 데

서나 아무에게나 정론을 들이대는 것이 바람직할까?

정론을 말하는 사람은 자신이 옳다는 확신이 있으며, 그 올바름을 받아들이지 못하는 상대방에게 잘못이 있다고 생각한다. 안타까운 일이지만 이는 인간에 대한 이해가 부족한 태도다. 사람은 그다지 이성적인 존재가 아니다. 자신이 극히 이성적이라고 생각할 때도 사실은 감정과 행동을 합리화하기 위해 이성을 갖다 쓸 때가 많다.

예상치 않은 정론을 들은 사람은 '맞는 말이긴 한데 그걸 꼭 지금 말해야 해?'라고 느끼기 쉽다. 정론이 옳다는 것은 이해하더라도 마음은 그렇지 않을 때가 많다.

정론은 타협할 여지를 주지 않는다. 옳고 그름을 미리 단정했으므로 상대에게는 그것을 수용하든지 거부하든지 두 가지 선택지만 남는다. 더구나 정론을 말하는 경우, 정의를 내세우는 경우는 대개 당신이 잘못했다는 부정적인 의미일 때이므로 자신이 잘못했다는 말에 동의하기란 쉽지 않다. 제3자를 심판할 때도 맞장구쳐야 할지 반박해야 할지 태도를 정하기가 부담스럽다. 상대가 마음의 준비가 되지 않았을 때 정론을 펼치는 것은 타인의 감정에 대한 배려가 부족한 태도다. 옳고 그름을 재단하는 정론은 상대의 다양한 의견이나 감정을 받아들일 여지가 없다는 신호로 작동한다.

우리가 대화에서 바라는 것은 옳고 그름에 대한 판단이 아니라 서로에 대한 이해와 공감이다. '듣고 보니 그렇군', '그럴 만한 이유가 있네'라며 우선 자신의 말을 경청하고 동감해주기를 바란다.

정론을 말하는 사람은 자신을 인정해 주길 바라며 옳은 소리를 하는 것인데, 인정받고 싶고 받아들여지길 바란다면 분위기와 상대를 잘 가려야 한다. 왜 분위기 파악을 못하는 것일까? 자기 자신을 중심에 두고 사고하므로 주변 상황과 상대의 기분을 잘 감지하지 못하는 것이다. 바로 이런 태도 때문에 주변 사람들에게서 멀어지고 가족과 직장, 소속 단체에서 자기 자리를 만들지 못하는 것이다.

이솝우화 중 「해와 바람」은 누구나 들어 본 적이 있을 것이다.

해와 바람이 내기를 했다. 먼저 행인의 외투를 벗기는 쪽이 이기는 내기였다. 바람은 행인을 향해 차가운 바람을 사납게 불어댄다. 바람이 강하면 강할수록 외투가 쉽게 날아갈 것이라고 여겨서였다. 이것이 정론의 힘이다.

외투를 날려버리려고 직접 공격한다. 하지만, 바람이 점점 세지자 행인이 외투 옷깃을 단단히 여미어 도저히 벗길 수 없게 되었다.

한편, 해는 행인을 따뜻하게 비춰주었다. 몸이 따뜻해지자 행인은 스스로 외투를 벗었다. 당연히 내기에서 이긴 것은 해였다.

자신이 추구하는 정의를 이루기 위해서 거칠게 몰아칠 것인가, 포용적인 태도로 상대를 받아들일 것인가. 정론은 바람, 공감은 해다. 어느 쪽이 더 효과적일까?

정의에 대한 오해 1

손님은 왕?

안타까운 일이지만 '손님은 왕'이라는 일그러진 믿음을 가지고 있는 사람이 많다. 손님이 왕이라고 믿는 사람은 서비스업에 종사하는 사람들이 무조건 손님에게 맞춰주어야 한다고 생각한다. 그래서 가게 점원에게 강압적인 태도를 보이거나 거만한 말투를 쓰며 무리한 사과를 강요하는 등 도를 넘어선 행동을 하기 쉽다.

'진상 고객'이라 불리는 이런 사람들은 병원이나 학교에서도 쉽게 볼 수 있다. 막무가내로 자기 의견을 억지로 관철시키는 성가시고 불편한 존재들이다.

'손님은 왕이다'라는 말은 유명한 호텔 체인 리츠칼튼의 창업자 세자르 리츠로부터 유래했다. 당시 호텔을 방문하는 고객은 진짜 왕과 귀족들이었다. 세자르 리츠의 말은 널리 퍼져 서비스업 종사자가 당연히 지녀야 할 마음가짐으로 여겨지기도 했다. 손님을 극진하게 대접하고 손님도 서비스 종사자들을 존중하면 문제 될 일은 없다. 하지만 현실에서는 '손님은 신이니까 철저하게 비위를 맞추고 대접해라, 무슨 일을 당해도 참아라'라는 맥락으로 오용되기도 했다. 전통적 가치가 사라진 세상에서 돈이 절대적인 가치로 부상하면서 돈을 내면 무엇이든 요구할 수 있다는 비뚤어진 풍조가 생기기도 했다.

악성 민원으로 기업을 괴롭히거나 별점 테러를 가하는 등의 악덕 소비자(블랙 컨슈머, Black Consumer)들의 문제가 꾸준히 제기되고 있다. 일본에서는 고객이 종업원에게 갑질을 하는 행위를 뜻하는 카스하라(カスハラ, customer + harassment) 관련 뉴스를 종종 볼 수 있다.

나는 2016년 후생노동성의 '직장 내 괴롭힘 방지 대책 검토회' 위원으로 활동했다. 원래 의제는 직장 내 괴롭힘 방지 대책이었지만 고객의 갑질이 사회 문제로 대두되면서, 2018년 3월 보고서에는 '고객에 의한 괴롭힘'과 관련해 다음과 같은 내용이 실렸다.

고객과 거래처 등의 악질적인 행위가 사회적으로 문제가 되고 있는 상황을 반영해, 사업주에게 적극적인 대응을 요구하고, '커스터머 해러스먼트(customer harassment)'라는 용어를 널리 알리는 등 사회 전체의 주의를 환기할 필요가 있다는 의견이 제시되었다.

고객에 의한 괴롭힘은 직장 내 괴롭힘에는 포함되지 않기 때문에 검토회에서 구체적으로 다루지 않았지만, 문제의식을 공유하는 것이 중요하다는 의견 일치를 보았다. 대처 방안까지 포함한 심도 있는 논의는 이뤄지지 않았어도 간과할 수 없는 중대한 문제라는 인식에서 국가적으로 대책을 촉구하고자 보고서 내용에 포함했다. 후생노동성은 2021년 고객의 악질적인 괴롭힘에 관한 기업용 대응 매뉴얼을 정립해서 시행하겠다는 방침을 정했다.

손님과 점원 모두 존중해야 하는 대등한 인간이다. 당연한 얘기지만, 부끄럽게도 나는 20년 전에는 모든 사람이 대등하다는 것을 강렬하게 의식하지 못했다.

20년 전 미국을 방문했을 때 일이다. 마트 계산대에 줄서 있는데 앞에서 손님과 점원이 말다툼하는 소리가 들렸다. 점원이 말하길 손님이 차별적인 표현을 했다는 것이었다. 그 점원은 상사를 불러서 "차별적인 언어를 쓴 고객의 물건은 계산하고 싶지 않다"라고 주장했다.

손님이 정확히 뭐라고 말했는지 왜 그랬는지 자세한 사정은 몰랐지만, 나는 내심 점원이 손님에게 저런 식으로 말하다니 있을 수 없는 일이라고 생각했다. 그런데 더 놀라운 일이 일어났다. 사정을 들은 상사가 손님에게 오늘은 쇼핑하지 말고 가게에서 나가 달라고 한 것이다. '상사까지 손님한테 가게에서 나가라고 하다니!' 하고 매우 놀랐던 기억이 있다.

나는 당시에는 회사원이었지만 대학생 시절, 편의점, 식당, 술집 등에서 아르바이트를 한 경험이 있었다. 손님이 불만을 제기하거나 화를 내면 무조건 사과해야 하는 줄로 알았다. 내가 일할 때는 점원이 손님에게 자신의 권리를 주장한다는 선택지는 없었다.

'손님은 왕이다'라는 말이 잘못 퍼지는 바람에 이 말로 타인을 공격하고, 그 공격에 피해를 받는 사람이 생겨났다. 억울함을 차곡차곡 쌓아둔 사람, 말도 안 되는 논리로 일방적으로 공격당해 정신 건강을 해친 사람이 많을 것이다.

돈 벌기 힘든 세상에서 돈을 쓰는 고객, 종업원들과 회사를 먹여 살리는 고객에게 무조건 맞춰주는 것이, 성실한 직업인의 자세라고 강요하는 사람들이 있다.

정의를 막무가내로 휘두르는 사람들은 이처럼 만만한 사람들에게 갑질하면서 그것을 정의로 포장하기도 한다. 정의로운 내가 더 훌륭하다, 훌륭한 사람이 하는 말을 듣는 것이 당연하다, 반론은 있을 수 없다고 밀어붙이는 것은 사실은 내가 강자이니 내 말을 들어야 한다는 뜻일 때가 많다. 약자들은 자신이 믿는 정의를 일방적으로 주장하는 것 자체가 매우 어려우므로, 자신의 믿음을 타인에게 강요하는 사람들은 강자인 경우가 많다.

1장에서 다룬 트롤리 딜레마처럼 각자가 믿는 정의는 관점에 따라, 상황에 따라 바뀐다. 그래서 내가 내세우는 정의가 절대적으로 옳다고 주장하는 것은 독선이 되어 버린다.

누구나 화를 낼 수 있다.
그러나 상대를 가려,
적절한 때 적절한 이유로
필요한 만큼 알맞게
화를 내는 것은 쉽지 않다.

— 아리스토텔레스

3장

정의감에 중독되는 사람, 그렇지 않은 사람

정의감에 중독되는 사람이 늘고 있다

정의감에 불타올라 화를 내는 사람들은 대개 정해져 있다. 어째서 늘 같은 사람이 화를 낼까? 만성적으로 정의감을 내세우며 분노하는 사람들은 정의에 중독된 상태로 볼 수 있다.

일본에서는 '정의감 중독'이라는 용어가 널리 쓰인다. 언제부터 이 용어가 쓰이게 되었을까? 이럴 때는 '구글 트렌드'가 유용하다. 구글 트렌드를 통해 어떤 단어가 언제, 얼마나 많이 구글에서 검색되었는지를 살펴볼 수 있다. 구글 트렌드 데이터는 2004년 이후부터 볼 수 있다.

이 책을 집필하며 구글 트렌드에서 '정의감 중독'을 검색했을 때 '표시할 데이터가 없습니다. 검색어를 올바르게 입력했는지 확인하거나 더 일반적인 용어를 검색해 보세요'라는 메시지가 떴다. 아직 결과를 보여줄 만큼 충분한 데이터가 없다는 뜻이다.

그러나 구글에서 검색하면 기사가 많이 뜨는데, 대부분 2020년 이후에 작성된 기사다. 일본에서 정의감 중독이라는 단어는 2020년, 즉 코로나19가 확산하기 시작한 후 급속히 쓰이기 시작한 것이다.

'중독'이란 어떤 상태를 가리키는 말일까? 자주 듣고 쓰는 단어지만 다시 한번 그 뜻을 확인해 보면 중독에는 두 가지 의미가 있다.

첫 번째 의미는 '체내에 독성을 가진 물질이 일정량 이상 들어와서 기능 이상을 일으키는 것'이다. 식중독, 가스 중독, 수은 중독, 급성 알코올 중독 등을 들 수 있다. 이러한 중독은 대개 사고로 발생한다. 음식을 잘못 먹어서, 실수로 가스나 독성 물질에 노출되어 발생한다.

두 번째 의미는 '그것이 없거나 부족하면 못 견디는 병적인 상태'이다. 바꿔 말하면 의존이다. 일 중독, 활자 중독, 약물 중독, 알코올 중독 같은 것을 들 수 있다. 일 중독인 사람은 일하고 있지 않으면 불안하기에 늘 일을 손에서 놓지 못한다. 일에 대한 열정이 많은 사람처럼 보일 수도 있지만, 사실은 일하지 않으면 의기소침해지고 바쁘게 일해야 마음속 걱정에서 주의를 돌릴 수 있으므로 일에 찌들어 시간에 쫓기는 상황에서 벗어나지 않으려고 한다.

첫 번째 의미의 중독과 두 번째 의미의 중독은 성격이 다르다. 예를 들어 같은 알코올 중독이라도 '급성 알코올 중독'은 짧은 시간 동안 알코올을 다량 섭취해서 발생하는 중독으로 흔히 말하는 알코올 중독(만성 알코올 중독)과는 다르다. 대학 신입생 환영회에서 1학년생이 급성 알코올 중독이 되어 구급차에 실려 갔다는 뉴스를 매년 봄마다 듣는다. 누군가의 강요로, 혹은 자신의 주량을 잘 몰라서 갑자기 많이 마시는 바람에 알코올에 중독되는 것을 뜻한다.

반면에 만성 알코올 중독은 스트레스를 해소하려고 또는 술자리를 즐겨서 오랜 기간에 걸쳐 술을 마신 결과 술 없이 지낼 수 없게 된 상태를 말한다.

'정의감 중독'은 두 가지 의미 중 어느 쪽으로 해석하는 것이 타당할까?

나는 두 가지 의미 모두로 해석할 수 있다고 생각한다. 첫 번째 의미라면 급성 정의감 중독이다.

앞서 설명했듯 정의감 중독은 2020년부터 급속히 사용되기 시작했다. 팬데믹으로 불안이 팽배해지고 장기간 집에서만 생활하다 보니 스트레스가 쌓이고 경제 상황이 나빠져 미래를 비관하게 된 사람들이 많아졌다. 그런 상황에서 누군가를 비난함으로써 내면의 불안과 스트레스를 해소하기 위해 온갖 정의가 난무하게 되었다.

사람들이 각자 내세우는 정의가 세상에 만연하게 된 결과, 온갖 정의를 단시간에 대량으로 접하게 된 사람들은 허용치를 넘는 정의를 갑자기 몸 안으로 받아들이는 바람에 중독 상태가 되었다. 이것이 첫 번째 의미의 정의감 중독이다. 스스로 판단해서 정의의 기준을 정립하기보다는 사사건건 옳고 그름을 재단하는 너무도 많은 정의가 주변에 넘쳐흐르는 바람에 급성 정의감 중독에 걸리게 된 사람이 늘어난 것이다.

두 번째 의미의 정의감 중독은 정의를 내세워 타인과 세상을 심판하는 것이 일종의 정체성이 되어 내면화된 상태를 뜻한다. '이것이 정의다!', '이게 잘못됐다!'라며 소리 높여 외칠 때 삶의 의미를 느끼고 활력을 얻는다.

정의에 만성적으로 의존하게 되면, 정치, 환경, 가정, 인간관계, 일, 회사, 육아 등 주제를 막론하고 그 안에서 무엇이 정의이고 무엇이 정의가 아닌지 재빠르게 판단하고 정의를 내세우는 것이 습관이 된다. 정의를 휘둘러서 문제가 해결되느냐는 중요하지 않다. 모든 문제에서 정의와 그렇지 않은 것을 구분해서 나름의 정의를 주장하는 것이, 자신의 가치를 드러내는 일이 된다. 만성 정의감 중독 상태가 되는 것이다.

왜 정의감은
중독성이 강할까?

이 책에서는 일시적으로 정의감 중독이 된 '급성 정의감 중독'이 아니라 '만성 정의감 중독'을 주로 다룬다. 매사에 정의를 무기로 휘두르는 만성 정의감 중독자는 왜 정의에 중독되었을까? 정의에 중독되고, 거기서 쉽게 벗어날 수 없는 것은 다음 세 가지 이유 때문이다.

1. 활력을 느낀다.
2. 정의의 기준이 같은 사람들에게 일체감을 느낀다.
3. 내면의 갈등과 혼란을 덜어준다.

정의를 내세울 때는 활력과 보람을 느낀다. 우리는 어린 시절부터 옳은 일을 하면 칭찬받고 잘못을 저지르면 혼났다. 내가 정의롭다면 사람들에게 칭찬받고 인정받을 수 있다. 지금 당장은 아니더라도 내 가치를 알아줄 만한 사람들이 과거에 있었고 미래에 있을 것이다.

누구나 활력을 주는 것에 의존하게 되기 쉽다. 기분이 좋아지니까 반복하고, 하고 싶고, 쓰고 싶고, 먹고 싶고, 마시고 싶어진다. 그러다가 그것이 사라지면 기분이 나쁘고 안절부절못하는 상태가 된다.

내가 옳다고 생각하는 동안은 기분이 좋다. 그런 순간을 놓치기 싫고, 계속 그 상태를 유지하고 싶어진다.

내가 정의를 대변한다면 사람들과 일체감을 느낄 수도 있다. 옳고 그름의 이분법으로 세상을 바라보면, 항상 내 편이 상당히 많다. 내가 정의롭다면 정의를 지향하는 다수가 나를 지지한다는 든든한 느낌을 받는다. 인터넷에서 정의를 내세운 댓글을 달면 '좋아요'를 많이 받기도 하고 간혹 공감하는 답글을 달아 주는 사람도 나타난다. 일상생활에서는 정의를 소리 높여 얘기할 일도 별로 없고, 그런 주장에 '좋아요'를 해주는 사람도 찾기 어렵다. 온라인에서 정의를 이야기하면 고독에서 벗어날 수 있고, 세상의 다수가 내 편이라고 느낄 수 있다.

사람은 사회적 동물이다. 동료나 공동체와 함께 있으면 안전하다고 느낀다. 인류가 세상에 출현했을 때부터 집단에 속하는 것이 자신의 안전을 확보하는 방법이었다. 그래서 사람은 의식적이든 무의식적이든 소속감을 느낄 집단을 찾는다. 정의의 깃발 아래서는 모르는 사람들끼리도 집단의식을 느낄 수 있다. 정의를 부르짖는 것만으로 소속할 집단을 발견하고 안전을 보장받았다고 느낄 수 있다.

더불어 정의에 대한 굳건한 신념은 내면의 갈등과 혼란을 덜어준다. 옳고 그름의 이분법으로 바라보면 세상사가 명쾌해진다.

이런 규칙은 왜 생겼을까? 규칙을 왜 지켜야 할까? 지키지 않으면 어떤 일이 발생할까? 세상이 많이 변했는데 이 규칙이 아직도 유효할까? 이런 식으로 하나하나 엄밀하게 따지다 보면 머릿속이 복잡해지고 어떻게 해야 할지 결정하기 힘들다. 그러나 규칙은 반드시 지키는 것이 정의라고 생각하면 고민할 여지가 없다. 규칙이 바뀌기 전까지는 무조건 준수해야 하고, 타인에게도 규칙을 준수하라고 요구할 수 있다.

현대 사회는 많은 것들이 불확실한 시대다. 무엇이 정답이고 어떻게 살아야 할지 몰라 만성적으로 불안한 사람이 많다. 눈앞의 상황을 이해하기 어렵고 가까운 미래를 예측할 수 없으면 사람은 큰 불안을 느낀다. 불안으로 고통받는 사람은 알기 쉬운 해답을 찾게 마련이다. 어떤 절대적인 신념을 가지는 순간, 혼란이 사라지고 나아갈 길이 보인다.

그런데 급성 정의감 중독 역시 정의의 중독성이 강하기 때문에 발생한다. 정의의 독성에 쉽게 영향받는 사람은 어떤 심리적 특성이 있을까?

1. 동조압력에 약하다.
2. 내가 틀릴지도 모른다는 두려움을 느낀다.
3. 가슴이 답답할 때가 많다.

정의의 중독성이 강한 가장 큰 이유는 동조압력 때문이다. 정의를 외치는 사람 앞에서 그것은 정의가 아니라고 반박하거나 나는 그런 일에 개의치 않는다고 말하려면 큰 용기가 필요하다. 개성과 다양성을 추구하는 시대라고 하지만, SNS에서 평범한 사람들이 늘 서로를 비교하는 세상에서

'모난 돌이 정 맞는다'라는 속담 역시 여전히 유효하고, 오히려 타인에게, 심지어 모르는 사람들에게도 인정받고 싶어 하는 경향은 더욱더 강해졌다.

예전에 유흥업소 접대부 역할을 맡은 영화배우가 실제로 그런 업소에서 일하는 사람에게서 노하우를 배웠다는 얘기가 있었다. 오늘날 어떤 배우가 그런 인터뷰를 한다면, 순식간에 악플이 달릴 것이다. 자녀교육상 해롭다, 부도덕하다는 반응은 물론, 그 배우가 원래부터 그 일에 종사했던 게 아니냐는 근거 없는 추측도 난무할 것이다. 유흥업소에서 접대부로 일하는 것과 배우가 배역을 연구하는 특수한 상황은 다른 문제인데, 획일적인 기준으로 감시하고 재단하는 사람들이 많으므로 요즘은 알아서 조심해야 할 것들이 많아졌다.

현대 사회에서 다양성이 강화되는 경향 자체가 도리어 동조압력과 정의감을 높이는 원인이 되기도 한다. 자신과 다른 다양한 가치관과 생활양식을 자주 접하게 되면, 지금껏 자신이 믿어왔던 것, 소중하게 여겼던 것이 위협받는다고 느끼는 일도 늘어나기 때문이다. 다양성을 인정한다는 것은, 이해할 수 없는 가치관과 취향을 지닌 사람도 받아들여야 한다는 것을 의미한다.

그러나 많은 이들에게 이것은 쉬운 일이 아니다. 이해할 수 없는 사람, 받아들이고 싶지 않은 사람을 보면 '~해야 한다'는 믿음이 도전받으므로 분노의 불꽃이 튀는 횟수가 늘어난다. 머릿속으로는 다양성을 추구하는 것이 바람직하다고 생각하지만, 주변에 자신과 다른 생각과 성향을 지닌 사람들이 늘어나는 것은 바라지 않는다.

현대 사회에서 의외로 '공정한 세계 가설'을 믿는 사람들이 많다. 정당한 행동은 보상받고, 잘못된 행동은 처벌받는다는 생각이다. 열심히 노력하면 보상받고 성공한다는 논리로 주로 쓰인다. 이런 관념 역시 집단의 가치관에 순응하는 동조압력을 높인다. 올바르게 살면 보상받는데, 올바름의 기준을 집단이 공유하면 그 가치관을 도전받을 일이 별로 없어서, 한층 더 안전하다고 느끼기 때문이다. 4장 마지막 부분에서 '공정한 세계 가설'의 문제점을 집중적으로 다룬다.

많은 사람이 정의감 중독자가 말하는 정의는 과도하고 특히 그것을 표현하는 방식에 문제가 있다고 느낀다. 하지만 정의감 중독자의 주장 그 자체는 맞는 경우가 많다.

감염병이 확산하는 시기에 외출을 자제하는 것이 좋다는 것은 타당한 주장이다. 그 지침을 어기는 사람들에게 직접 경고하고 다니는 행위에 대해서는 지나치다고 느끼는 사람들도 많겠지만, 그 주장 자체를 부정하기는 어렵다. 그래서 정의를 내세우는 사람들이 표현 방식에 유의한다면 갈등의 여지가 대폭 줄어든다.

하지만 정의에 중독된 사람에게는 표현 방식에 유의하라는 조언은 통하지 않는다. 주변 사람들의 조언에 귀 기울였다면 정의에 중독되지도 않았을 것이다.

사람들은 대부분 귀찮은 일에 얽히고 싶지 않다. 나 역시 상관할 필요 없는 일이면 굳이 나서서 끼어들지 않는다. 어떤 일에 목소리를 내려면 용기가 필요하고 시간과 에너지를 투입해야 한다. 정의를 외치는 사람들과 괜한 갈등을 일으키고 싶은 사람이 얼마나 있을까? 내가 틀렸을 수도 있고, 공공의 적이 될 수도 있는데 굳이 나설 이유가 없다.

정의를 주장하는 사람에게 반론하기 위해서는 이쪽도 어지간해서는 무너지지 않을 확실한 논리가 필요하다. 내 논리가 확실하지 않으면 상대가 말하는 정의를 진심으로 동조하지 못한 채로 수긍하는 수밖에는 없다. 납득하지 못한 것을 받아들이고, 반박하고 싶었는데 하지 못하면 부정적인 감정이 쌓인다.

타인의 정의를 진심으로 이해하지는 못하면서 반박할 논리와 용기가 부족하고 번거로움을 감수하기 싫어 계속 받아들이고 있으면 부정적인 감정이 걷잡을 수 없이 자라날 수 있다.

진심으로 수용하지 못하는 온갖 정의가 난립하면 숨이 막힌다. '누가 뭐라고 하면 어쩌지?', '내가 공격 대상이 되면 어쩌지?' 하고 늘 걱정해야 한다면 너무도 갑갑할 것이다. 정의는 선택과 배제를 요구하는데, 당장 한쪽을 선택할 확신이 없는 상태에서 일방적으로 그런 요구를 받으면 누구든 숨이 막힐 수밖에 없다.

정의감 중독 체크 리스트

이번에는 정의감 중독도를 간단히 확인할 수 있는 설문을 준비했다. 각 질문을 읽어가며 조금이라도 해당하는 것 같으면 표시한다. 깊게 생각하지 말고 떠오르는 대로 답한다.

나는 만성 정의감 중독일까?

□ 뉴스 사이트 댓글난에 의견을 올린 적이 있다.

□ 의견을 말하는 것이 불편하지 않다.

□ SNS에서 타인(지인도 포함)을 비판한 적이 있다.

□ 자녀를 제대로 가르치지 못하는 부모가 많다고 느낀다.

□ 뉴스를 보다가 세상이 돌아가는 모습에 화를 느낄 때가 자주 있다.

□ 남에게 피해를 주는 사람에게 주의하라고 한 적이 있다.

□ 매너가 나쁘거나 규칙을 안 지키는 사람을 보면 신경 쓰인다.

□ 타인에게 주의하라고 말하는 것이 불편하지 않다.

□ 대화하다가 상대방의 잘못을 고쳐 주고 싶다고 느낀 적이 자주 있다.

□ 부모님의 말씀을 잘 들었던 편이다.

결과

0~2개 | 만성 정의감 중독이 아니다. 다만 정의와 얽히면 성가시다는 생각에 무의식중에 눈을 돌리고 있는지 스스로 돌아보는 것이 좋다. 정의감을 갖는 것 자체는 자연스러운 일이며, 꼭 필요한 정의감도 있다. 정말 중요하다고 생각하는 정의가 있다면 외면하지 말고 적절한 상황에서 적절한 방식으로 자신의 의견을 표현하는 연습을 해보자.

3~4개 | 가벼운 정의감 중독이다. 기본적으로는 문제없지만, 자신의 허용 범위를 넘는 상황이 발생하면 때로는 고집스럽게 간섭하기도 한다. 필요 이상으로 타인에게 개입하게 되는 경우도 생길 수 있다. 타인의 사생활과 자유를

침해하지 않도록 선을 지키는 것이 중요하다. 스스로 특정 문제에 지나치게 몰입하고 있다고 느낀다면, 한 걸음 물러나 생각과 의견을 재검토하자.

5~7개 | 중간 정도의 정의감 중독이다. 정의감 때문에 말실수나 과도한 행동을 하고 후회하는 일이 있다. 안정감을 느낄 때는 정의감에 의존하지 않고도 자신의 분노를 다스릴 수 있지만, 상황이 나쁘거나 힘들 때는 누군가를, 또는 뭔가를 공격해서 자신을 지키려 하는 경향이 있다. 적이 분명할 때 목적의식이 뚜렷해지고 행동에 나설 힘이 생기기 때문이다. 정의를 휘두르기 쉬운 곳인 포털 뉴스나 SNS, 정치 유튜브 방송 등과 거리를 두도록 하자.

8개 이상 | 만성 정의감 중독이다. 상대나 주제를 가리지 않고 정의의 이름으로 뭔가를 공격할 때가 많다. 하지만 내가 내세운 것이 정말 정의일까? 평소 생활에서 느꼈던 울분과 스트레스를 해소하기 위해 정의를 이용하는 것은 아닌가? 불안한 현실을 잊기 위해 자신의 정체성을 확인하고 존재 의의를 느끼기 위한 수단으로 정의를 휘두르고 있다면, 건설적인 결과를 얻을 수 없다. 주변 사람에게 이해받지 못한다는 초조함 때문에 자신을 더욱 몰아붙이게

되는 악순환에 빠지기 쉽다. 책과 명상, 전문가와의 상담 등을 통해, 자신의 내면을 돌아보는 시간을 많이 갖는 것이 좋다.

어떤 결과가 나왔는가? 스스로 느끼는 것 이상으로 정의감에 깊이 빠져 있지는 않았나? 아니면 그다지 걱정할 수준은 아닌가?

이번에는 급성 정의감 중독 여부를 살펴본다. 만성 정의감 중독이 만성 알코올 중독처럼 스스로 중독의 길로 빠져든 것이라면, 급성 정의감 중독은 급성 알코올 중독처럼 정의를 내세운 주변의 정보와 공격이 스스로 감당할 수 있는 수준을 넘어설 때 발생한다.

나는 급성 정의감 중독일까?

□ 타인의 의견에 동의하지 못하면서도 내 의견을 말하지 못하는 경우가 있다.

□ 분위기에 맞추려다 보니 동조압력에 약한 편이다.

□ 요즘 들어 살기 갑갑하다고 느낀다.

□ 사회에서 밀려나고 싶지 않다고 생각한다.

□ 타인의 시선을 자주 의식한다.

□ SNS에 글을 올릴 때는 악플이 달리지 않도록 주의한다.

□ 늘 올바르게 살아야 한다고 생각한다.

□ '갑질'과 '괴롭힘'과 관련된 사건이 요즘 부쩍 늘어난 것 같다.

□ 정보가 너무 많아서 무엇이 옳은지 잘 모르겠다고 느낄 때가 있다.

결과

0~2개 | 나름대로 주관을 갖고 세상을 살아가지만, 지나치게 특정 문제에 집착하지 않고 한 걸음 물러나 세상을 볼 수 있다. 정의에 대한 감수성을 현재 정도로 유지하면 사회생활을 하며 문제를 겪을 일은 별로 없을 것이다.

3~4개 | 가벼운 급성 정의감 중독이다. 요즘 화제가 되는 정의 관련 주제나 사건에 대해 알고 있다. 그중 주변에서 일어날 수 있는 일, 나와 관련될 수도 있다고 보이는 일에 민감하게 반응한다. 공감할 수 없는 것, 찬성할 수 없는 것이 있다면, 자신의 의견을 적절한 방식으로 표현하는 연습을 하자. 정의감 중독자의 공격을 크게 두려워하지 않

는 지금부터 주저하지 않고 반대 의견을 말하는 법을 연습해 두면 좋다. 그렇지 않으면 피해의식이 쌓이거나 방어 심리가 강화되어 나중에는 나 자신이 정의를 내세우며 타인을 공격하게 될 수도 있다.

5~7개 | 중간 정도의 급성 정의감 중독이다. 정의를 휘두르는 사람을 의식하며 되도록 튀지 않도록 주의를 기울인다. 그렇게 신경을 곤두세우다 보니 해소할 수 없는 답답함과 숨 막힘을 느낀다. 이 상태에서 벗어나지 못하면 무슨 일을 할 때마다 겁먹고 주저하게 될 것이다. 생활을 영위하고 일을 하다 보면 싸워야 할 때도 있다. 싸워야만 소중한 것을 지킬 수 있을 때가 있다. 갈등을 피하는 것이 안전하게 사는 방법이 아닐 때도 많다. 어떻게든 갈등과 다툼을 피하려고만 한다면, 그것을 이용하는 상대방에게 질질 끌려다니게 될 수도 있다. 정말 중요한 것이 있다면 주저하지 말고 싸우자.

8개 이상 | 심각한 급성 정의감 중독이다. 다른 사람들이 휘두르는 정의에 위축되어 겁먹고 있다. 누군가의 정의가 당신을 공격한다면, 왜 그러는지 원인을 파악하고 대책을 세워야 한다. 어쩌면 공격당하지 않았는데도 공격당했다

고 느끼는지도 모른다. 주변에 있는 믿을 만한 사람들과 이 문제에 대해 대화해 보자. 마음의 평안을 되찾기 위해 심리상담을 하는 것이 바람직할 수도 있다. 혼자 해결하는 것보다 다른 사람의 도움을 받는 것이 더 효과적일 때가 많다.

정의에 대한 오해 2

목소리 높이는 소수에게 마이크를 넘기지 말자

정의감 때문에 화내는 사람은 대개 사회에서 일반적으로 인정하는 대의명분을 내세우므로 반박의 여지가 별로 없다. 쓰레기를 아무 데나 버리지 말아야 한다, 교통신호를 잘 지켜야 한다, 감염병에 걸리거나 감염자와 접촉한 사람은 스스로를 격리해야 한다 등의 기준은 대부분의 사람이 수긍한다. 다만 그 정의감을 표출하는 방식에 유의해야 할 뿐이다.

그런데 세상에는 다수가 받아들이기 어려운 주장을 하는 사람도 있다. 그들을 '목소리 큰 소수(noisy minority)'라고 부른다. 살다 보면 목소리가 큰 사람이 이긴다는 말을 실감할 때가 있다. 다수가 다른 사람 눈치를 보느라 침묵하는 가운데 늘 큰 소리로 자기 의견을 주장하는 소수의 의견은 잘 받아들여지고, 이득을 더 챙기는 것 같을 때가 많다.

정의감 때문에 화내는 사람, 자기주장이 강한 사람을 만났다면 그 사람의 정의가 정말로 그만한 가치가 있는 것인지 잘 파악해야 한다. 작은 목소리까지 듣는 것이 진정한 정의다. 상대방의 기세에 눌려서 끌려다니지 말아야 한다.

목소리 높이는 소수의 반대 개념은 '조용한 다수(silent majority)'다. 사람들은 먹고사느라 바쁘고 다른 사람들과 대립하는 걸 피하려고 마음에 안 드는 게 있어도 대개 입을 다문다. 그런 사람들의 숫자가 압도적으로 많다.

하지만 '성가시니까 나서기 좋아하는 사람들을 내버려두자'는 태도는 사회 전체적으로는 큰 문제가 된다. 목소리 높이는 소수에게 마이크를 넘겨주는 셈이 되기 때문이다. 강력한 소수가 정치적 영향력까지 지니게 되면, 다수가 침묵하는 상황은 사회와 국가라는 배의 키를 소수파에게 넘겨주게 된다.

목소리 높이는 소수가 가장 피하고 싶은 사태는 무시당하는 것이다. 그것은 존재를 인정받지 못한다는 것을 의미한다. 그들은 큰 소리로 말함으로써 존재를 알리고 주장을 인정받으려 하는데 목소리가 다수에게 닿지 않으면 아무것도 할 수 없다.

'우는 아이 떡 하나 더 주'지 말고, 인내하고 배려하는 사람보다 불만을 바로바로 제기하는 사람에게만 초점을 맞추지 말고, 확고한 기준을 견지해야 한다. 성낸 사람만 이득을 보는 상황을 만들지 않으려면, 좋게 좋게 넘어가려고 하지 말고 명확한 태도를 보여줘야 한다.

똥이 무서워서 피하는 게 아니라 더러워서 피한다는 것은 변명일 뿐이다. 귀찮으니까 얽히지 말자, 그냥 넘어가자고 피하기만 하면, 목소리 큰 소수가 다수를 좌지우지하는 상황에서 벗어날 수 없다.

4장

정의감 중독에서 벗어나기

정의감을 내려놓는 연습

옳고 그름의 기준이 없는 사람이나 사회는 방향을 잃고 헤매게 된다. 하지만 어떤 종류의 정의감은 반드시 내려놓아야 한다. 바로 빅 퀘스천을 충족하지 못하는 정의감을 내려놓아야 한다. 빅 퀘스천이 무엇인지 다시 한번 살펴보자.

나에게, 또 주위 사람들에게 긴 안목으로 보았을 때 건전한가?

정의감이 긴 안목으로 보았을 때 자신이나 주위 사람의 몸과 마음에 불건전한 영향을 미친다면 내려놓아야 한다. 최소한 그 부작용을 줄이기 위해 노력해야 한다.

빅 퀘스천을 충족하지 못하는 정의감은 무익한 핵심 믿음에서 비롯된다. 핵심 믿음은 '마음속에 있는 사전'이며,

부모의 훈육, 학교 교육, 자신의 경험 등을 통해 만들어진다. 한번 형성되었다고 영원히 고정되는 것이 아니라 평생을 통해 변화한다.

사람은 어떤 사건을 마주하면 자신의 핵심 믿음에 비추어 보고 그 일에 의미를 부여한다. 어떤 의미를 부여하는가에 따라 정의 여부를 판별하고, 그에 따른 감정이 생겨난다.

타인의 핵심 믿음을 바꾸기는 어렵다. 테러리스트들은 핵심 믿음을 지키기 위해 살인을 불사하고 자신의 생명을 희생하기까지 한다. 그러한 믿음이 아무리 반사회적이라고 할지라도 당사자에게는 의심할 여지가 없는 절대적 진리다.

타인의 핵심 믿음을 바꿀 수는 없을지라도 더 나은 삶을 위해 내 핵심 믿음 중 무익하고 해로운 것을 찾아내 바꾸고 개선하는 노력을 기울여보자. 내 믿음 중 결실을 얻기 힘들고 그 어떤 진보나 성과도 가져다주지 않는 것에는 어떤 것이 있을까?

무익한 핵심 믿음으로는 다음과 같은 것들이 있다.

- 정의로운 사람이 행복해진다.
- 잘못하지 않았다면 나쁜 일은 일어나지 않는다.
- 나쁜 짓을 했으면 벌을 받아야 한다.
- 노력은 보상받는다.
- 타인에게 친절해야 한다.
- 언제 어디서나 정직해야 한다.

이것은 누구나 당연히 받아들여야 하는 게 아닐까? 왜 이것들을 무익한 핵심 믿음이라고 할까? 우리가 어린 시절부터 배운 내용이 왜 문제라는 것일까?

가정 교육이나 도덕 교과서가 중요하지 않다는 것이 아니다. 다만 기계적으로 적용하면 오히려 인생을 힘들게 한다는 것이다. 세상에는 내가 통제할 수 없는 일들이 많다. 올바르게 행동하면 보상받고, 잘못하면 벌을 받는다고 믿는다면, 내가 운이 나쁜 것이 내 탓이 되어 불필요한 자책감에 시달리고 자존감이 낮아진다. 무례한 사람, 나를 이용하는 사람에게도 친절하게 대하다 보면 배신감과 피해의식에 시달리기 쉽다. 적군에게 포로로 잡혀 있는데, 경쟁자가 내 정보를 빼내려고 하는데, 정직하게 사실대로 말할 필요는 없다. 어린 시절 우리가 가정과 학교에서 받은 교육은 부모님과 선생님들이 아이들을 수월하게 다루고자 주입한 것들이 많다.

이런 기준을 내려놓든가, 기준을 조금 완화하는 편이 나을 때가 많다. 무익한 핵심 믿음에는 다음과 같은 공통점이 있다.

- 가정 교육이나 도덕 차원에서 배웠다.
- 사실의 영역이라기보다는 신념의 영역이다.
- 사람에 따라 믿음의 정도가 다르다.

가정과 학교에서 우리가 늘 배우는 것은 인내심과 사회성을 키우라는 것이다. 자신이 하고 싶은 일을 우선순위에 두라고 가르치는 일은 드물다. 자기가 하고 싶은 일을 우선순위에 두면 자기만 아는 사람, 비협조적인 사람이라는 딱지가 붙기 쉽다.

자기가 하고 싶은 일을 늘 뒤로 미루고 칭찬받기 위해 다른 일들을 우선 하다 보면 자기도 모르는 사이에 내면에 부정적인 감정을 쌓게 된다.

세상에는 옳지 못한 일이 많다. 그런 가운데 올바르게 살아가고자 하면 할수록 자기만 손해를 보고 있다는 생각이 들 때가 많을 것이다. 성실한 사람일수록 불공평한 세상에서 좌절하기 쉽다.

주인공 호아킨 피닉스가 아카데미 남우주연상을 받으며 화제가 된 영화 〈조커〉는 배트맨의 숙적인 조커가 어떻게 탄생했는지 그린다. 아서(나중에 조커가 되는 인물)는 '늘 웃는 얼굴'로 살라는 어머니의 가르침을 믿고, 다른 사람들을 웃기고 싶다, 행복하게 만들고 싶다는 마음으로 광대 일을 한다. 늘 친절하게 행동하고 웃으며 살려고 노력하지만 매정한 대접을 받고 바보 취급을 당하는 사이 마음이 무너지고, 결국 나쁜 길로 들어서서 악의 화신이 되고 만다는 비극적인 내용이다.

도덕적인 확신이 강하면, 기대가 배반당했을 때 더 큰 타격을 받는다. 노력하면 보답받는다, 착하게 살면 결국 행복해진다고 배웠지만, 어른이 되어 그렇지 않다는 것을 뒤늦게 깨닫게 되면 어떻게 해야 할까?

가정과 학교에서는 노력이 보답받지 못했을 때 어떻게 해야 할지 가르쳐 주지 않는다. 올바르게 살아도 불행해질 수 있다, 노력해도 이루지 못하는 일도 있다는 것을 받아들일 수 없다면, 운 나쁜 사람들은 고통에 시달리며 자책하거나, 타인들에게 또는 이 사회 전체에 분노의 화살을 겨누게 될 것이다.

앞서 언급했듯 나는 '부모님의 기대에 보답해야 한다'는 핵심 믿음 때문에 오랫동안 고통받았다. 자식으로서 부모의 기대에 보답하는 것이 당연하다고 생각했다. 하지만 내 미국인 친구들은 부모의 기대보다 자신이 원하는 것이 더 중요하다고 믿어 의심치 않았다. 내게는 평생의 고뇌가 그들에게는 심각한 문제가 아니었던 것이다. 나는 무익한 핵심 믿음 때문에 부모님도 실망시키고 스스로도 불필요하게 방황해야 했다.

정의감의 기준이 되는 핵심 믿음이 무익한 것이라면 거기서 발생한 정의감 역시 엇나가기 쉽다. 우리 각자가 생각하는 정의, 옳고 그름의 기준 중 상당수는 절대적인 가치가 아니라 상대적인 것임을 받아들인다면 이 세상에 만연한 고통 중 상당수는 사라지거나 완화될 것이다.

관여할 일과 할 수 있는 일에 집중한다

이제부터 실제로 정의감을 내려놓는 방법을 알아보겠다. 정확하게 말하면 일그러진 정의감을 만들어 내는 무익한 핵심 믿음에서 벗어나는 방법이다. 여기서 소개할 방법은 세 가지이다.

1. 관여할 일/관여하지 말 일, 할 수 있는 일/할 수 없는 일을 구분한다.
2. 사람과 사건에 대한 허용도를 높인다.
3. 자신에게 정말 소중한 것을 알아낸다.

정의감을 느낄 때는 그것이 정말 관여하고 싶은 일인지 아니면 관여하지 않아도 괜찮은 일인지 잘 생각해 보자.

또, 지금부터 하려는 일이 정말 할 수 있는 일인지 아닌지도 살펴보아야 한다.

수명이 아무리 늘어나도 생을 마감하는 순간에는 숱한 후회와 아쉬움이 남을 것이다. 우리는 한정된 삶 속에서 하고 싶은 일들을 모두 이루려고 노력한다. 대학 진학이나 직업 선택 같은 중요한 문제들에 대해서만 고심하는 것이 아니다. 물건 하나를 살 때도 A 마트에서 살지 B 온라인쇼핑몰에서 살지 꼼꼼하게 따진다.

인간관계도 다르지 않다. 같은 동호회 회원이라도 C와 D 중 누구와 더 가깝게 지낼지 고민한다. 가끔 만나면 즐겁지만, 자주 만나면 같이 할 일이 별로 없을 것 같은 사람은 동호회 모임에서만 만나면 충분하다. 관심사가 비슷해서 자주 만나도 대화가 끊임없이 이어지는 사람, 늘 즐겁고 도움이 되는 사람은 친구로 삼아 많은 것들을 함께 하고 싶다. 가족이나 직장 동료, 이웃이라서 좋아하지 않아도 어쩔 수 없이 어울려야 하는 게 아니라면, 함께 시간을 보내고 싶은 사람, 나에게 유익한 사람을 가려서 사귀는 것이 자연스럽다.

정의감 역시 마찬가지다. 내가 진짜 깊은 관심이 있는

주제나 대상과 관련된 정의감인지, 내게 유익한 정의감인지 판단해야 한다. 분노에 사로잡히면 개입할 필요가 없는 일에 나서 스스로 감당 못 하는 말과 행동을 하게 되기 쉽다.

마음이 평화로운 때에는 특정 사건에 관여하는 것이 내게 어떤 의미가 있는지 비교적 선명하게 판단할 수 있지만, 정의감이나 분노에 사로잡히면 균형 감각을 잃게 된다. 또 내가 할 수 있는 일과 할 수 없는 일에 대해서도 냉정하게 판단하기 어려워진다.

할 수 있는 일과 할 수 없는 일은 어떻게 구분할 수 있을까? (내가) 할 수 있는 일, (내가) 바꿀 수 없는 일, 이렇게 '내가'를 넣으면 분명해진다. 다른 사람들이 거리에 쓰레기를 버리지 않게 할 수 없을까? 쓰레기를 쓰레기통에만 버리는 것은 실천하기 어려운 일이 아니지만, 내가 다른 사람을 그렇게 만들 수는 없다. 우리가 할 수 있는 일은 민원을 제기해서 지방자치단체가 쓰레기 불법 투기를 잘 감시하고 제재하도록 하고 지자체 선거에서 지역을 깨끗하게 잘 관리할 후보자들에게 표를 주는 것이지, 다른 사람들의 행동을 직접 바로잡는 것이 아니다.

우리에게 주어진 시간은 한정되어 있다. 할 수 없는 일에 귀중한 시간과 노력을 들일 필요는 없다. 가뭄이 심하다고 하늘을 향해 '비를 내려주소서'라며 온 정성을 기울여 기도를 올리면 날씨를 바꿀 수 있다고 믿는 현대인은 아무도 없을 것이다. 하지만 옛날 사람들은 그렇게 믿었다. 날씨가 좌우하는 작물 수확량이 적으면 사람들이 굶어 죽었던 시대에는 인간의 힘으로 되는 일이 아니라고 포기하지 못하고 기우제에서 동물, 때로는 사람까지 제물로 바치며 하늘에 기도를 올렸다.

자신이 할 수 없는 일을 받아들이지 못하고 분노와 정의감으로 스스로를 괴롭히고 타인도 불편하게 만드는 것은 비가 안 온다고 기우제를 지내는 것과 근본적으로 별 차이가 없는 행동이다.

2장에서 해외 유명인사가 깜짝 선물로 반려동물을 집에 데리고 갔다는 기사에, 정의감에 불타는 많은 댓글이 달렸던 사례를 소개했다. 문제의 유명인이 외국어로 된 그 댓글을 볼 일은 결코 없을 것이다. 댓글을 다는 사람들이 정말 당사자에게 자기 의견이 닿길 바라는 마음으로 댓글을 썼을 가능성도 작다. 그 유명인이 자신의 경솔한 행동을 후회하고 앞으로는 반려동물을 입양할 때 반드시 가족과 미리 의논한 후 신중하게 결정하겠다고 반성문이라도 게재하면 좋겠지만, 그런 일은 일어나지 않았다. 이 기사와 댓글들을 본 어떤 사람이 앞으로 자신은 이렇게 하지 말아야겠다고 결심했다면 댓글들이 효과를 발휘했다고 볼 수도 있겠지만, 그렇더라도 지극히 간접적이고 미미한 효과일 뿐이다. 댓글을 단 사람들이 기대하는 일이 일어날 가능성이 거의 없는데, 그토록 마음을 쓰고 열심히 댓글을 달 필요가 있을까? 그 시간에 자신에게 더 소중하고, 더 확실한 변화를 일으킬 수 있는 일에 몰두하는 것이 좋지 않을까?

내려놓아야 할 정의감 vs. 지니고 있어야 할 정의감

'관여할 일/관여하지 말 일', '할 수 있는 일/할 수 없는 일'을 조합하면 여러 가지 선택지가 생기고 이를 통해 '내려놓아야 할 정의감'과 '지니고 있어야 할 정의감'을 구분할 수 있다. 정의감을 느꼈던 순간들을 돌이켜보며 그것들이 각각 어디에 해당하는지 살펴보자.

'관여할 일/관여하지 말 일'은 두 가지 의미로 생각해 볼 수 있다. '관여하고 싶다(want)'와 '관여할 필요가 있다(must)'이다. 어떤 일에 정의감을 느끼고 관여하고 싶다면 그 일에 정말 관여할 필요가 있는지 따진다. 내 욕구와 상관없이 관여한 후 얻게 되는 결과를 생각하는 것이다. 관여한 결과 나와 다른 사람들에게 이익이 되는지 손해가 되는지, 그 어느 쪽도 아닌지 생각해 보자.

이해득실을 생각할 때는 빅 퀘스천을 떠올리면 도움이 된다. 빅 퀘스천을 충족하면 득이 되고, 그렇지 못하면 손해가 된다. 그 일에 관여해서 긴 안목으로 보았을 때 나 자신이나 주변 사람들의 몸과 정신에 건전한 결과를 가져올 수 있다면 이익이고, 그렇지 않으면 손실이다. 관여해 보았지만 별로 달라진 것이 없었다면 처음부터 관여할 필요가 없던 일인지도 모른다.

관여하고 싶은지, 관여할 필요가 있는지만 따져도 다음 네 개의 조합이 만들어진다.

1. 관여하고 싶고, 관여할 필요가 있다.
   의심할 여지 없이 관여하는 편이 좋다. 이렇게 느낀다면, 빅 퀘스천을 충족하는 사안이라고 볼 수 있다.

2. 관여하고 싶지만, 관여할 필요가 없다.

관여하고 싶은 마음에 판단이 흐려지지 않고 관여할 필요가 없다고 결론을 내렸다면 훌륭하다. 자신의 판단을 신뢰하고 이 문제에서 거리를 두면 된다.

3. 관여하고 싶지 않지만, 관여할 필요가 있다.

이런 경우라면 대개 관여하는 편이 좋을 것이다. 다만 마음으로 원하는 일이 아니므로 어정쩡하게 발만 걸치는 상황이 될 수도 있다. 구체적으로 어떤 행동을 할 것인지 세심하게 계획을 세우고 실천하자.

4. 관여하고 싶지 않고, 관여할 필요도 없다.

더 이상 생각할 필요 없다. 이 문제를 계속 생각하는 것도 시간 낭비다.

다음으로 '할 수 있는 일/할 수 없는 일'에 대해 생각해 보자. 이것을 잘 구분할 수 있다면, 할 수 있는 일에 집중해서 자신의 삶을 더 낫게 하고, 이 세상을 개선하는 데 힘을 보탤 수 있다. 실제로 노력을 기울여 주변 상황이 조금씩 개선된다면, 자기효능감이 높아져 더욱더 실질적인 변화를 촉진하게 되는 선순환 구조가 만들어진다.

아이들은 한 해 한 해 성장하면서 점점 더 많은 것들을 스스로 할 줄 알게 된다. 혼자 옷을 갈아입고, 혼자 화장실에 다녀오고, 혼자 등하교를 하게 되면서 아이들은 점점 더 자신을 둘러싼 상황을 더 잘 조정하고 통제할 수 있게 된다.

성인 역시 마찬가지다. 처음 회사에 입사하면 복사기 사용법이나 팩스 사용법도 모르지만, 나중에는 까다로운 거래처의 컴플레인도 매끄럽게 처리하고, 복잡한 업무를 기한 내에 척척 해내게 된다.

타인을 바꾸고 싶다면, 상황을 바꾸고 싶다면, 아이의 마음, 신입사원의 마음으로 돌아가, 작은 일이라도 할 수 있는 일을 찾아 하나씩 성취하는 습관을 들여야 한다. 작은 성공 경험들을 쌓아나가면서 자기효능감이 높아지면 조금 더 난이도가 높은 과제에 도전할 용기가 생기고, 그러다 보면 처음에는 불가능해 보였던 커다란 변화를 일으킬 수도 있다.

매번 똑같은 잔소리를 해도 자녀가 잘 따르지 않는 것 같아 한숨이 나오는 상황을 생각해 보자. 부모가 말하는 방식을 바꾸면 효과를 발휘할지도 모른다. '공부해라',

'방을 정리해라' 이렇게 커다란 과제를 내주는 대신, 함께 의논해서 저녁 6시부터 7시까지 공부한다는 구체적인 규칙을 정하거나, 외출에서 돌아온 후 외투는 옷걸이에 걸고 빨래할 옷은 세탁실에 내놓는다는 작은 목표부터 달성하도록 독려하는 것이다.

직장 상사 때문에 스트레스가 심한 상황을 가정해 보자. 상사가 다른 회사로 가게 해 달라거나 태도가 달라지게 해달라고 기도하는 것은, 기우제를 올리는 것보다 더 어리석은 일이다. 몇 달 동안 기다리면 결국 비는 내리지만, 상사가 나보다 더 일찍 퇴사할지는 장담할 수 없기 때문이다. 하지만 내가 상사를 대하는 태도를 바꾼다면 상사를 바꿀 수 있을지도 모르고, 내 마음만이라도 더 편해질 수 있다.

정의감과 분노를 앞세워 타인을 바꾸려고 하는 경우가 흔하지만, 지나온 과거와 타인은 바꿀 수 없는 법이다. 과거에 일어난 일을 바꿀 수는 없지만, 그 사건에 대한 해석은 바꿀 수 있다. 타인을 바꿀 수는 없지만, 내가 그 사람을 대하는 태도는 바꿀 수 있다.

타인에게 분노를 느끼는 사람들은 그 사람을 바꾸려 한

다. 쉽사리 바뀌지 않는 그 사람을 비난하고 공격하기도 한다. 비난을 퍼부어 상대방을 바꾸려 하는 것은, 그 자체가 폭력적인 행동이다. 자기 자신에게 고쳐야 할 점이 있다는 것을 알아도 스스로 고치기 힘든데, 누군가 강압적인 태도로 내 성격이나 습성을 바꾸려 한다면, 오히려 그런 말은 절대 따르지 않겠다고 반발하는 것이 인지상정이다. 상대방이 정의감을 내세워 나를 변화시키려 한다면, 그 정의감은 타당한 것인지, 무슨 권리로 내게 이래라저래라하는지 의문을 품지 않을 수 없다.

타인을, 이 세상을 내게 맞출 수는 없다. 아무리 고통스러워도, 아무리 부당하게 느껴도 그것을 받아들여야만 한다.

할 수 있는 일과 없는 일 사이에 선을 그었다면 할 수 있는 일에만 힘을 쏟고, 할 수 없는 일은 내려놓자. 할 수 있는 일을 더 잘할 수 있게 하는 노력과 할 수 없는 일을 할 수 있게 하는 노력은 완전히 다른 차원의 문제다. 모든 일이 그렇듯 첫걸음을 내딛는 것이 가장 어렵다. 조금이라도 내가 바꿀 수 있는 일이라면, 익숙해질수록 더 빨리 더 많이 바꿀 수 있다.

할 수 있는 일, 할 수 없는 일을 정확하게 파악하고 할 수 있는 일에만 힘을 쏟자. 유한한 인생의 에너지와 시간을 효과적으로 써야 한다.

관여할 일/관여하지 말 일, 할 수 있는 일/할 수 없는 일을 구분한 후, 조합을 만들어 보자.

관여할 일+할 수 있는 일

관여할 일+할 수 없는 일

관여하지 말 일+할 수 있는 일

관여하지 말 일+할 수 없는 일

어떤 사건에 정의감을 느꼈고, 또 그 정의감에서 분노가 생겨났을 때 실제로 행동으로 옮겨야 할 일은 이 네 가지 중 첫 번째, '관여할 일+할 수 있는 일'뿐임을 이해할 수 있을 것이다. 나머지에 해당하는 정의감은 내려놓아야 한다. 정의감을 내려놓는 것에 저항감을 느낄 수도 있다. 내가 바꿀 수 없어도 정의감 자체는 소중하지 않은가? 하지만 정의감을 내려놓는 것이 곧 패배나 타협을 의미하는 것은 아니다. 한정된 에너지와 시간을 소중하게 쓰기 위해 선택하고 집중하는 것뿐이다. 지금 당장은 무슨 일이든 해야 한다는 충동에 휩싸일 수도 있지만, 시간이 지나면 감정에 휘둘리지 않길 잘했다고 생각하는 시기가 분명히 온다.

이제 정의감을 느꼈다 해도 세 가지 선택지를 버릴 수 있게 되었다. 내게 주어진 선택지가 무엇인지 따지며 정의감을 하나씩 내려놓자.

사람과 사건에 대한 허용도를 높인다

이성적으로는 관여할 필요 없고, 할 수 없는 일이라고 판단해서 거리를 두더라도 마음의 불편함은 여전히 남는다. 그러므로 관여할 일/관여하지 말 일, 할 수 있는 일/할 수 없는 일을 잘 구분하려고 애쓰는 한편, 사람과 사건에 대한 허용도를 올리는 것도 중요하다.

정의감이 강한 사람은 좋은 의미로든 나쁜 의미로든 사람이나 사건에 대한 허용도가 낮다. 허용도가 낮다는 것은 관용적이지 못하다는 의미도 되는데 좋은 의미일 때도 있을까? 허용도가 낮다는 것은 지향하는 수준이 높고 자신에게도 엄격한 기준을 적용한다는 것이므로 바람직할 수 있다.

재활용품 및 쓰레기 배출을 예로 들어 보자. 사람들이 분리수거를 제대로 하지 않고, 정해진 방식을 지키지 않으면 분리수거장이 지저분해지고 재활용품 수거도 어려워진다. 질서가 유지되려면 그 집단에 쓰레기 배출 규칙에 대한 허용도가 낮은 사람, 즉 규칙에 엄격한 사람이 꼭 필요하다. 내가 사는 지역은 단독주택이 많은데, 구역마다 다이얼식 자물쇠가 걸려 있는 작은 창고를 분리수거장으로 사용하며, 반상회에 참여하는 사람에게만 비밀번호를 공개한다. 하지만 시간이 흐르다 보니 반상회에 참여하지 않는 사람에게도 비밀번호가 유출되어 아무나 쓰레기를 갖다 버리는 사건(?)이 일어나기 시작했다. 그러자 분리수거장 비밀번호를 유출하지 말자는 안내문이 붙었다. 이렇게 규칙이 지켜지도록 상황을 주시하고 행동에 나서는 사람이 있어서 분리수거장의 질서가 유지된다.

'그 정도는 괜찮아', '몰래 와서 버리는 사람을 어쩌겠어?'라고 생각하는 사람만 있다면 분리수거장에는 감당할 수 없을 정도로 쓰레기가 쌓이고, 결국 공동 분리수거장을 없애고 모두가 자기 집 앞에 재활용품과 쓰레기를 배출하는 상황으로 내몰려 동네가 지저분해질 것이다.

사람이나 사건에 대한 허용도가 낮은 사람에게는 다음

과 같은 두 가지 특징이 있다.

1. 자신이나 타인에 대한 기대치가 높다.
2. 중간지대 없이 옳고 그름, 좋고 나쁨의 이분법으로 판단한다.

나 자신이나 타인에 대한 기대치가 높으면 그만큼 내 삶과 이 세상을 개선하려는 의지가 강하다고 좋게 해석할 수도 있지만, 기준이 다른 사람들과 갈등을 빚을 가능성이 커진다.

앞서 말했던 분리수거장의 경우를 살펴보자. 우리 마을에서는 쓰레기를 버릴 때 정해진 쓰레기봉투에 담아야 하는 것은 물론이고, 봉투에 간략한 주소와 이름을 써야 한다. 지워지지 않게 쓰는 것이 당연하지만, 반드시 매직으로 써야 하고 볼펜이나 연필은 안 된다는 식의 필기구에 관한 규정은 없었다. 동네 사람들이 번갈아 당번을 맡아 재활용품과 쓰레기가 제대로 배출되었는지 확인하는데, 분리수거장 안에는 각 가정의 전화번호가 붙어 있어서 규칙을 위반한 집이 있으면 당번이 전화를 걸어서 시정하게 하는 방식이었다.

다행히 우리 집에는 분리수거와 관련한 전화가 걸려오는 일은 없었다. 그런데 이름을 쓰는 필기구와 관련해서 이견이 있었던 적이 있다. 한쪽에서는 '이름을 볼펜으로 쓰면 잘 보이지 않으니까 매직으로 써야 한다'라고 주장했고, 다른 한쪽은 '볼펜으로 써도 충분하다'라고 받아쳤다. 당번이었던 사람은 마을에서 정한 쓰레기 배출 규칙을 철저하게 지키려는 정의감에서 지적했을 것이다. 다만 그렇게까지 할 필요가 있을까 하는 생각이 들었다. 이런 자잘한 의견 충돌은 이웃 간에, 또는 직장이나 가정에서 흔히 일어날 것이다.

사람이나 사건에 높은 기준을 설정하는 사람은 확실히 정하지 않은 일에는 참견하지 않기로 생각하는 편이 좋을 것이다. 우리 동네의 쓰레기 배출을 예로 들자면 정해진 쓰레기봉투를 사용하지 않거나 재활용품 분리 기준을 지키지 않는 등 명백한 규칙 위반만 지적하는 것이다. 그와 달리 이름 쓰는 법처럼 따로 정한 규칙이 없는 일까지 개입하려 하면 다른 사람들의 선택권을 침해할 수 있으므로 유의해야 한다.

규칙을 새로 정하거나 수정할 때 의견을 말하면 안 된다는 것은 아니다. 기대치가 높은 사람은 남의 일에 개입하기 전에 미리 정한 규칙이 없는 일이라면 특히 더 신중해야 한다는 뜻이다.

두 번째, 중간지대 없이 옳고 그름, 좋고 나쁨의 이분법으로 판단하면, 좌절하기도 쉽고 타인과 갈등을 빚을 가능성도 크다. 상당수의 자격증은 전 과목 평균 60점, 과목당 최저 점수 40점을 넘으면 취득할 수 있다. 세상살이에서도 그런 기준을 가질 수 있지 않을까? 90점 이상 받으면 좋지만 60점만 넘어도 괜찮다고 생각한다면 세상살이가 한결 수월해질 것이다.

일, 육아, 가사, 인간관계 등 삶의 전 영역에서 우리는 늘 90점 이상일까? 언제나 100점을 목표로 해야 할까? 늘 100점을 추구하는 완벽주의자는 최고가 될 수도 있겠지만, 다른 사람에게까지 그렇게 요구하는 것은 무리일 때가 많고, 무엇보다도 비현실적이다.

사람이나 사건에 대한 허용도가 낮은 사람과 높은 사람의 차이는 다음 그림처럼 나타낼 수 있다.

허용도가 낮고 이분법적으로 세상을 이해하는 사람에

게는 못마땅한 사람이나 일들이 항상 눈에 띈다. 늘 누군가의 잘못이 보이고 그것을 지적하고 싶어 마음이 편치 않다. 옳고 그름, 좋고 나쁨의 기준이 뚜렷한데, 기준이 높다 보니 진심으로 받아들일 수 있는 사람이나 상황이 제한적이라 수용할 수 있는 영역이 매우 협소하다.

반면 허용도가 높은 사람은 옳고 그름, 좋고 나쁨의 구분이 뚜렷하지 않고 그 사이에 있는 영역 대부분이 회색지대다. 흑백논리가 아니라 흑에서 백으로 점차 농도가 옅어지는 그라데이션이라고 할 수 있다. 경계가 불분명하므로 많은 것이 허용된다. 여기에서 짚고 넘어갈 부분은 허용도가 높은 사람에게도 완전한 정의, 완전한 불의가 있다는 점이다. 아무거나 해도 된다는 것도 아니고, 기준이 불명확한 것도 아니다. 다만 정의와 불의 사이에 다층적인 광범위한 영역이 존재하므로 어떤 사람이나 사건에 대해 극단적으로 평가하기보다는 정도를 따져 상대적으로 평가한다.

허용도가 높은 사람도 주제나 상황에 따라서는 허용도가 낮아지기도 한다. 라이터의 불꽃을 강하게 지속하는 힘이 충전된 가스이듯, 부정적인 에너지가 쌓이면 허용도가 낮아진다. 허용도를 높이는 사고 훈련을 하면서 늘 편안한 마음 상태를 유지하도록 자신과 주변을 평소에 관리해야 한다.

자신에게 정말 소중한 것을 알아낸다

관여할 일/관여하지 말 일, 할 수 있는 일/할 수 없는 일을 잘 구분하고 세상사에 대한 허용도를 높이는 것도 중요하지만, 가장 중요한 것은 자신에게 정말 소중한 것을 알아내는 것이다. 가치관이 뚜렷해지면 남에게 휘둘리지 않는 사람이 된다. 자신의 가치관을 올바로 세우고 남에게 휘둘리지 않으려면 큰 노력이 필요하다. 사람들은 누구나 자신에게 중요한 사람들, 가족, 친구, 상사 등에게 인정받기 위해 그들에게 자신을 맞추려 하게 되기 쉽다. TV, 인터넷, SNS에서는 늘 대중의 선호와 취향을 접하며 동조압력을 받는다. 다수가 가는 길을 따르면 지지받는 느낌이고 안심이 된다.

불특정 다수를 대상으로 메시지를 발신하는 대중매체

와 SNS는 상업 광고가 아니더라도 최대공약수를 대상으로 한 마케팅 메시지라고 할 수 있다. 우리는 최대공약수가 아니다. 최대공약수를 노리고 내보낸 정보를 진지하게 받아들일 필요는 없다. 자신이 정말 소중히 여기는 것이 무엇인지 모르고 중심이 제대로 서 있지 않다면 최대공약수가 되라는 달콤한 유혹에서 벗어나기 어렵다.

대중의 선호와 취향을 아는 것은 스스로를 객관적으로 돌아보는 데, 경제활동을 하는 데 필요하다. 그러나 거기에만 끌려다니면 자기도 모르는 사이에 내가 정말 원하는 것이 무엇인지 알 수 없게 된다. 내게 정말 소중한 것이 무엇인지 모르면 인생의 주인이 될 수 없다.

지금, 이 순간 소중하다고 생각하는 것은 무엇인가? 정말 진심으로 그렇게 생각하는 것일까? 주변 사람들이나 SNS를 통해 주입된 메시지에 영향을 받은 것은 아닐까?

나는 '누군가 나도 모르는 사이에 중요하다고 불어넣은 것'을 '액세서리'라고 부른다. 반지, 목걸이, 시계 같은 액세서리는 꾸미기 위해 걸치는 물건이다. 고급 명품 시계를 찬 사람은 그것을 살 수 있는 경제력 및 그런 명품을 선택하는 안목과 취향을 드러낼 수 있다. 비슷한 경제력과 취향을 지니지 않았더라도 그 시계가 어떤 의미인지 금세 알아차릴 사람이 많을 것이다.

우리가 가진 물건들은 생활필수품이 아니면 모두 액세서리라고 할 수 있다. 아니, 생활필수품조차도 액세서리가 될 수 있다. 예를 들어 칫솔은 생활필수품이지만 할인용 저가 세트부터 수십만 원에 달하는 고급 전동 칫솔까지 그 종류가 다양하다. 어떤 칫솔을 쓰는지에 따라 경제력을 알 수도 있고, 치아 건강을 얼마나 중시하는지 가치관도 엿볼 수 있다.

실제로 살 수 있는 물건만 액세서리가 아니다. 졸업한 학교, 직장, 조직 내 직위 등도 내 사회적 가치를 드러내는 액세서리 역할을 한다. 누구나 알 만한 명문대학교를 졸업하면, 그 타이틀이 평생 따라다닌다. 그런 액세서리를 손에 넣기 위해 어린 시절부터 엄청난 시간과 비용을 사교육에 투자하며 입시 공부에 매진한다. 고등학교나 학원은 그곳에서 공부한 학생들이 얼마나 많이 명문대에 합격했는지 수치를 뽑아 그 학교나 학원의 경쟁력으로 홍보한다. 의사나 대기업 사원, 공무원은 그 신분이 보증수표로 작용해 은행이나 결혼정보업체에서 환영받는다.

그런데 더 좋은 삶이란 대체 무엇일까? 객관적으로 더 좋은 삶이라고 정해진 것이 있을까? 더 좋은 삶은 결국 특정 조건으로 서열화한 최대공약수의 삶일 뿐, 실제 개개인의 삶의 질을 설명할 수 있는 지표란 존재하지 않는 게 아닐까? 명문대를 졸업한 의사, 대기업 사원, 공무원의 삶이 집단적으로는 여러 지표에서 평균 이상이라고 하더라도, 그것만으로는 특정 의사나 특정 대기업 사원이 평균적인 사람들보다 더 행복하게 더 잘살고 있다고 할 수는 없다.

'더 좋은 삶'은 과연 어떤 걸까? 바로 떠오르는 것은 여유로운 삶이다. 다른 여러 기준이 있다 해도 우선은 어느 정도 경제적으로 여유로워야 한다고 생각하는 사람이 많을 것이다. 경제적 여유는 시간적 여유와도 관련이 깊다. 하루 여덟 시간 일해서 충분한 소득을 얻는 사람은 야근이나 주말 근무, 부업을 하지 않아도 된다. 자산과 수입이 많으면 아예 일을 안 해도 된다.

그러면 어느 정도 소득이 있어야 여유로운 삶이 가능할까? 소득 수준에 따라 행복도는 어떻게 달라질까? 2015년에 노벨경제학상을 수상한 프린스턴대학의 앵거스 디턴

교수가 발표한 연구에 따르면 연봉 7만 5,000달러(원/달러 환율 1,200원 기준으로 9,000만 원)까지는 연봉이 오를수록 행복도가 올라가지만, 그 수준을 넘어서면 소득이 오르더라도 행복도에는 별 차이가 없다. 2019년 일본의 내각부가 발표한 〈'만족도·생활의 질에 관한 조사'에 관한 제1차 보고서〉에서도 같은 경향이 드러났다. 연봉 9,000만 원은 평균보다 훨씬 더 높지만, 실제로 그 정도 연봉을 받는다고 해도 여러 명의 가족을 혼자 부양한다면 부유함과는 거리가 멀다. 주변에는 그보다 소득이 높은 전문직 종사자나 기업체 임원, 개인사업자들을 얼마든지 찾을 수 있다. 그런데 그들의 행복도나 만족감이 예상만큼 높지는 않다는 것이다.

내게 소중한 것들을 지키며 마음의 평화를 얻을 수 있는 삶은 어떤 것일까? 세상의 유행과 외부의 자극에 휘둘리면 거기에 맞추려고 애쓰느라 마음이 편치 않고 실속 없이 바빠진다. 이 초조함이 부정적인 에너지가 된다. 분노의 불꽃을 타오르게 할 가스가 계속 충전되는 것이다. 가스가 고여 있으면 수용할 수 없는 일이 많아지고, 관여하지 않아도 될 일에 막대한 감정적 에너지를 쏟게 된다.

액세서리는 필요할 때만 가끔 착용하면 될 뿐, 액세서리가 나 자체는 아니므로 쓸모를 다하면 언제든 버려도 되는 것으로 생각하면 마음과 몸 모두 가벼워진다. 불필요한 분노와 피해의식에 휘둘릴 일이 없어질 것이다.

그렇다면 우리가 걸치고 있는 액세서리에는 어떤 것들이 있을까? 또 그 액세서리는 어떻게 해야 내려놓을 수 있을까? 다음 세 가지 중에서 생각해 보자.

- 이제까지 손에 넣은 것.
- 손에 넣고 싶다고 생각한 적이 있는 것.
- 앞으로 손에 넣고 싶다고 생각하는 것.

'이제까지 손에 넣은 것'은 지금까지 살아온 인생 속에서 돈을 주고 산 것, 혹은 노력해서 얻게 된 것이다. 백화점에서 살 수 있는 상품이 있는가 하면, 돈으로는 사기 어려운 학력, 학벌 같은 것도 여기에 속한다.

친구나 연인 같은 인간관계까지 액세서리가 될 수 있다. 이 사람과 친구가 된 나, 이 사람과 사귀는 내가 멋지고 마음에 든다면 그 사람과의 관계는 세상에 자랑하고 싶은 명품 시계 같은 것일지도 모른다.

한편 지금까지 손에 넣은 것 중 이제는 더 이상 흥미를 느끼지 않는 것, 왜 그때 그렇게 사로잡혔는지 의아하게 느껴지는 것이 있을 수 있다. 학창 시절에 열광했던 브랜드는 이제 유행이 지나 요즘 학생들은 외면한다. 하지만 당시에는 친구들이 모두 그 브랜드 패딩점퍼를 입어서 나만 다른 제품을 입을 엄두가 나지 않았다.

이제까지 손에 넣은 것 중에 지금은 딱히 흥미가 없는 것, 필요하지 않은 것을 따져 보면 액세서리가 어떤 것이고 자신이 어떤 액세서리에 욕망을 느끼는지 쉽게 파악할 수 있다.

내가 우리집 인테리어를 당장 바꾸고 싶은 것은 인스타그램에서 본 멋진 셀럽(유명인을 뜻하는 Celebrity의 줄임말)처럼 되고 싶어서가 아닐까? 내 애인을 진심으로 사랑하는 걸까, 아니면 매력적인 애인과 함께 다니면 친구들이 부러워하니까 확신이 없으면서도 계속 만나는 걸까?

'손에 넣고 싶다고 생각한 적이 있는 것'은 손에 넣으려고 노력은 했으나 결국 가질 수 없어서 분함이나 아쉬움을 맛보았던 적이 있는 대상이다. 그 분함과 아쉬움을 기억하고 있다가 어른이 되어서 손에 넣을 수 있게 되었을 때 사기도 한다. 자녀를 위한 선물이라는 명목으로 어린 시절 갖고 싶었던 값비싼 장난감을 사주기도 하고, 요즘에는 어른들을 위한 키덜트 제품 시장이 광범위하게 형성되었다.

학창 시절 가고 싶었던 진로를 선택하지 못했다가 나이가 들어 재도전하는 사람도 많다. 집안 형편이 어려워, 또는 시험 성적이 잘 나오지 않아서 의사나 변호사가 되지 못했던 사람이 미련을 버리지 못해 뒤늦게 의대나 로스쿨에 입학하기도 한다. 왜 의사나 변호사가 되고 싶었을까? 다른 사람을 돕고 싶어서라는 공익적인 목적 때문일 수도 있다. 하지만 의사나 변호사가 아니더라도 다른 사람을 도울 방법은 많다. 진짜 갖고 싶었던 것이 '의사, 또는 변호사라는 직업을 가진 나'라면 이런 직업이나 경력도 액세서리라고 할 수 있을 것이다.

마지막은 '앞으로 손에 넣고 싶다고 생각하는 것'이다. 앞으로 이런 것을 산다면, 혹은 이런 것이 있다면 인생이 더 좋아질 거라고 믿는 것이 있는가? 전망은 어떨까? 내일 손에 넣을 수 있는가? 수개월 안에 가질 수 있다면 다행일까? 아니면 기한은 알 수 없지만 언젠가 갖게 된다면 좋겠다고 생각하고 있는가? 어느 정도 노력해야 손에 넣을 수 있는 것인가?

이 세 가지 중에서 내려놓아도 상관없는 것, 내려놓는 편이 더 나은 것을 어떻게 알아낼 수 있을까? 답은 간단하다. 다음 질문을 던지는 것이다.

홀로 무인도에 갈 때 그것을 가져갈 것인가?

무인도에는 내 액세서리에 관심을 가지거나 평가할 사람이 없다. 타인을 전혀 의식하지 않을 때도 꼭 필요한 것들은 얼마나 될까? 보는 사람도 없고 평가하는 사람도 없을 때 필요 없는 것이라면 내려놓아도 좋은 액세서리라 할 수 있다. 결국 그것은 타인에게 잘 보이기 위해 갖고 있었을 뿐이니까.

갖고 있으면 내 가치를 알리는 '스펙'이 되는 것들은 대체로 여기에 해당한다. 자신이 사는 지역에서 인지도가 있는 아파트 단지에 거주하고 싶다는 욕망도 남들의 시선을 의식하기 때문에 생긴다. '스펙'을 따질 수 있다는 것은 우열을 나눌 수 있다는 의미다. 그럴 의도가 있든 없든 상관

없다.

많은 이들이 우열을 가르는 일에 열심인 까닭은 무엇일까? 우열을 가른 후 자신이 남들 앞에 있어야 스스로 가치 있는 존재라고 느끼기 때문이다. 명문대 입시에 성공하거나 뛰어난 운동능력을 과시하지 못한다면, 값비싼 차, 아파트, 고급 시계를 소유하고, 그것들의 가치가 마치 자기 자신의 가치인 것처럼 제3자에게 인정받고 싶은 것이다.

반면에 스스로에게 정말 소중한 것은 누가 보든 안 보든 자발적으로 갖고 싶어진다. 남들은 가치를 잘 몰라도 내게는 소중하기 때문이다. 돌 중에도 다이아몬드처럼 금전적 가치가 높은 것이 있다. 한편 사랑하는 사람과 산책하다가 강변에서 주워 온 돌처럼 평범한 돌멩이여도 소중한 추억이 깃든 것도 있다. 다이아몬드는 사회적으로 가치가 있지만, 강변에서 주운 돌은 아무런 사회적 가치도 없다. 물론 다이아몬드에도 개인적 추억이 깃들 수도 있고, 금전적 가치와 별개로 진심으로 다이아몬드를 아낄 수도 있을 것이다. 하지만 순수하게 다이아몬드의 아름다움을 사랑하는 사람도 있을지 모르지만, 다이아몬드의 진위 여부는 숙련된 전문가가 아니면 구별할 수 없다. 소중히 여기는 다이아몬드가 정교하게 세공된 가짜와 바꿔치기 되더라도 대부분은 알아차리지 못할 것이다. 그렇듯 다이아몬드는 객관적인 가치를 지니지만, 내가 주워온 돌은 주관적인 가치를 지닌다.

아이들과 무아지경으로 놀이터에서 뛰어놀 때의 충만한 느낌, 어둑어둑해질 때 하루를 정리하며 마시는 한 잔의 차, 매주 일요일 아침 동네 야산을 산책하며 느끼는 평화…….

내게 정말 소중한 것은 무엇인가? 보는 사람이 없어도, 평가하는 사람이 없어도 소중히 여기는 것들이 늘어난다면 다른 사람들이나 사회의 기준에 휘둘리는 일이 점점 더 적어질 것이다.

반대로 세상사를 이기고 지는 문제로 판단하고 패배자가 되지 않으려면 버젓한 직업과 집이 있어야 하며 자녀도 인지도가 있는 대학교에 입학해야 한다는 식으로 사고하면 늘 타인과 자신을 비교하며 움츠러들 수밖에 없다. 남과 나를 비교하며 가치를 따지는 일은 늘 패배할 수밖에 없는 싸움이다. 나보다 더 잘난 사람이 이 세상에 많을 수밖에 없기 때문이다. 한때는 내가 가장 우월했더라도 언젠가는 밀려난다. 남과의 비교에 몰두하면 타인의 잣대에 휘둘리게 되고, 불만에 가득한 마음은 정의감을 내세워 분노를 정당화하게 되기 쉽다.

그러므로 자신에게 가장 소중한 것들을 알아내고 뚜렷한 가치관을 정립해서 타인에게 휘둘리지 않고 평정심을 유지하는 것이 불필요한 정의감을 내려놓는 가장 확실한 방법이다.

정의에 대한 오해 3

공정한 세계 가설에 사로잡힌 사람들

어떤 정치인이 거리 연설에서 이렇게 외쳤다. "옳은 일을 한 사람이 보답을 받고, 나쁜 일을 한 사람에게 설 자리를 주지 않는 사회를 만들겠습니다! 노력하는 사람이 보답받는 사회가 되어야 합니다!" 너무 당연한 얘기 아닐까? 이런 주장에 이의를 제기하는 사람이 있을까?

피땀 흘려 노력한 결과 성공을 쟁취했다는 미담을 여기저기서 들을 수 있다. 모두가 노력하는 사람의 이야기를 좋아한다. 노력한 사람이야말로 보답을 받아야 하고, 성공하려면 노력하는 것이 옳다는 논리이다.

고생 끝에 낙이 온다는 말이 있듯 보통 노력이 보답받으려면 오랜 시간과 노력이 필요하다고 믿는다. 몇 년 전 이 가설에 의문을 제기했다가 엄청난 악플을 받은 사례가 있다. 바로 기업가이자 베스트셀러 작가 호리에 다카후미가 '밥 짓는 데 3년, 밥을 (손에) 쥐는 데 8년'이 걸린다는 초밥 장인의 수련에 대해 트위터에 '요즘 잘나가는 초밥 장인은 그렇게 오랜 시간 수행하지 않으며 중요한 것은 센스'라고 쓰고, 밥을 짓고 밥을 쥐는 일은 고도의 기술력과 경험이 필요하다는 반론에 대해 '그런 일을 익히는 데 몇 년이나 걸린다면 바보다'라는 댓글을 달아 논란을 일으킨 적이 있었다.

나는 그 주장의 옳고 그름을 논하려는 것이 아니다. 다만 확실하게 말할 수 있는 한 가지는 이 발언이 많은 사람의 핵심 믿음을 공격했다는 사실이다. 소중한 핵심 믿음이 위협당했다고 믿은 수많은 사람이 분노를 표출하며 그 믿음을 지키려 했다.

나쁜 짓을 한 사람은 천벌을 받을까? 아니면 인생이 잘 풀리고 안 풀리고는 평소의 선행이나 악행과는 아무 관계도 없다고 생각하는가?

2020년 3월 10일에서 4월 20일에 걸쳐 일본 요미우리 신문이 이런 신념에 대해 전국적인 설문조사를 실시했다. '타인에게 갈 피해는 아랑곳하지 않고 멋대로 행동하거나 잔혹한 행동을 한 사람이 '천벌'을 받는 경우가 '있다'고 생각하십니까?'라는 질문에 '그렇다'고 대답한 사람이 76%에 이르렀고, '그렇지 않다'고 대답한 사람은 23%에 불과했다. 1964년 12월에 실시한 같은 조사에서는 '그렇다'고 대답한 사람이 41%, '그렇지 않다'고 대답한 사람이 40%였다.

나쁜 짓을 하면 천벌을 받는다는 것은 전통적인 믿음에 가까워 보인다. 그런데 50여 년 전보다 지금 그렇게 믿는 사람이 더 많은 이유는 무엇일까?

정의는 보상을 받고, 악은 그에 상응하는 벌을 받는다, 성실한 사람은 행복해지고, 게으른 사람은 불행해진다는 사고방식을 '공정한 세상 가설(Just-World Hypothesis)'이라고 부른다. 요미우리 신문의 여론 조사는 바로 이 '공정한 세상 가설'을 믿느냐는 질문이었다.

공정한 세상 가설을 믿는 사람들이 많으면 선행과 노력을 많이 하게 될 테니 바람직하지 않을까? 하지만 뒤집어서 살펴보면 이는 운 나쁜 사람들을 도덕적으로도 공격하는 상당히 무서운 사고방식이 될 수 있다.

정의로운 사람이 잘 풀릴 것이라는 믿음을 뒤집으면 잘

풀리지 않는 사람은 올바르지 못한 셈이 된다. 노력한 사람이 보답받는다면, 아무런 보답도 받지 못한 사람은 노력이 부족하다는 의미이다. 성실한 사람이 행복해진다면 행복하지 못한 사람은 불성실했다는 뜻이 될 수도 있다.

언젠가부터 '자기책임'이라는 말이 곳곳에서 쓰인다. '잘 풀리지 않는 사람은 본인의 노력이 부족하기 때문'인데 '왜 세금을 써서 도와주어야 하는가?'라는 식이다.

일본 사회는 거품 경제가 꺼진 후 30년 이상 정체되었다. 사회 전체가 잘 풀리지 않는 셈이니 노력하면 보상받는다고 생각하기보다는 노력해도 소용없을 때가 있다, 보상받지 못해도 어쩔 수 없다고 생각하는 사람이 많아져야 자연스러울 텐데 실상은 그렇지 않다.

성장이 정체된 사회에서 불충분한 기회와 자원을 두고 비슷한 처지인 사람들끼리 경쟁이 심해지다 보니, 오히려 잘 풀리지 않는 것은 내 노력이 부족한 탓으로 여기거나, 운 좋게 조금이라도 나은 위치에 올라선 사람들은 그 밑의 사람들에게 당신들이 그 자리에 있는 것은 노력이 부족했기 때문이라고 탓하며 자신의 성공을 합리화하게 되어서가 아닐까? 이렇게 기회가 줄어든 세상에서 내 탓, 남탓만 하고 있으면 밝은 미래를 맞이할 수 있을까?

한편, 현실에서는 악행을 저지른 사람이 처벌받지 않고, 별로 노력하지 않았는데 성공한 사람들을 계속 목격하게 되므로 그럴 때마다 분노하고 공정하지 못한 세상을 한탄하게 되기 쉽다. 그러다 보면 자신이 직접 그들이 대가를 치르게 하는 데 일조하겠다고 나서게 되기도 한다.

사회 구성원들이 올바름을 추구하는 것은 공정한 세상을 만들기 위해 정말 중요한 일이다. 하지만, 이상을 현실로 착각하면 스스로를 괴롭히고 타인을 비난하게 된다.

분노를 느낀다면
말하기 전에 열까지 세라.
만약 화가 아주 많이 났다면,
백까지 세라.

— 토머스 제퍼슨

5장

정의감 중독인 사람과 잘 지내는 법

정의감 중독의 다섯 가지 유형

누구나 정의감이 있다. 그런데 사람마다 정의감의 유형이 다르고 정의감을 느끼는 포인트도 다르므로 그에 따라 행동이 달라진다.

여기서는 정의감 중독을 크게 다섯 가지 유형으로 나누었다. 자신의 정의감은 어떤 유형에 속하고 어떤 특징이 있는지 살펴보자. 정의감의 유형과 차이를 알면 주변 사람들의 유형에 맞춰 현명하게 대응하는 데에도 도움이 된다.

자신의 정의감을 이해하면 쓸데없이 정의감에 휘둘리는 일을 피하고, 동시에 정의감을 가장 적절하게 표출하는 방식을 연습할 수 있다.

그럼 나의 정의감은 어떤 유형에 속하는지 확인해 보자.

각 질문에 해당하는 점수를 표의 빈 칸에 쓴다.

(매우 그렇다 6점, 그렇다 5점, 그런 편이다 4점, 아닌 편이다 3점, 그렇지 않다 2점, 전혀 그렇지 않다 1점)

Q1. 직접 말할 때보다 메신저나 문자로 전달할 때 하고 싶은 말을 더 잘 전달할 수 있다.	
Q2. 다른 사람에게 주의시키는 것이 부담스럽지 않다.	
Q3. 신념을 위해 싸울 수 있다.	
Q4. 빨간 신호등에도 모두 함께 건너면 무섭지 않다.	
Q5. 뭔가를 새로 사거나 손에 넣으면 다른 사람에게 보여 주고 싶다.	
Q6. 잡담을 나눌 친구가 별로 없다.	
Q7. 질투심을 느끼는 편이다.	
Q8. 좋게 말하면 남을 잘 챙기고 나쁘게 말하면 오지랖이 넓다.	
Q9. 분위기에 묻어가는 편이다.	
Q10. 나도 모르게 다른 사람에게 경쟁심을 느낄 때가 있다.	
Q11. 주변 사람들과 잘 어울리지 못한다고 느낄 때가 종종 있다.	
Q12. 요즘 화제가 되는 일에 민감한 편이다.	
Q13. 가치관이 다른 사람과는 어울리고 싶지 않다.	
Q14. 독특하다는 말은 험담이라고 생각한다.	
Q15. 사람들에게 존경받고 싶고, 동경의 대상이 되고 싶다.	
Q16. 외로울 때가 많다.	
Q17. SNS의 '좋아요' 숫자를 자주 확인한다.	
Q18. 착각하거나 잘못 알아들을 때가 종종 있다.	
Q19. '다들 그렇게 하는데…….'라는 말에 약하다.	
Q20. 지기 싫어하는 성격이다.	

다음 문항별로 점수를 넣고 합계를 계산한다. 가장 높은 점수가 나온 것이 자신의 정의감 유형이다.

Q1(　)+Q6(　)+Q11(　)+Q16(　)=(　)→고독한 유형

Q2(　)+Q7(　)+Q12(　)+Q17(　)=(　)→질투 유형

Q3(　)+Q8(　)+Q13(　)+Q18(　)=(　)→독선가 유형

Q4(　)+Q9(　)+Q14(　)+Q19(　)=(　)→집단 심리 유형

Q5(　)+Q10(　)+Q15(　)+Q20(　)=(　)→열등감 유형

정의감 중독 유형은 행동력 정도와 정보에 대한 민감성 정도를 조합해 다섯 가지로 분류할 수 있다.

행동력이 높다는 것은 정의롭다고 생각하는 일이나 틀렸다고 생각하는 일을 마주했을 때 적극적으로 행동한다는 뜻이다. 그런 사람은 잘못된 행동을 하는 사람이 있을 때 직접 주의시킬 수도 있다.

반대로 행동력이 낮으면 불만스러운 일이 있더라도 결국 나서지 못하고 마음속으로만 쌓아 두는 경향이 있다. 직접 문제를 해결하려고 나서지는 못하고 인터넷에 글을 올리거나 뒤에서 험담하는 등 간접적인 행동만 취

하기도 한다. 혼자서는 좀처럼 나서지 못하지만, 누군가의 힘을 빌리거나 뜻이 맞는 사람이 많다면 함께 행동하기도 한다.

정보에 민감하다는 것은 최신 유행이 무엇인지, 어떤 의견이 대세인지 세상 돌아가는 분위기를 잘 파악한다는 의미다. 때와 장소에 따라 어떤 말을 하면 좋고, 어떤 말과 행동은 주의해야 하는지에 민감하다.

정보에 민감하지 않으면 다른 사람의 의견이나 주변 상황을 주시하지 않으므로 자기만의 생각이 강해진다.

정의감 중독 유형과 정보에 대한 민감성, 행동력의 관계

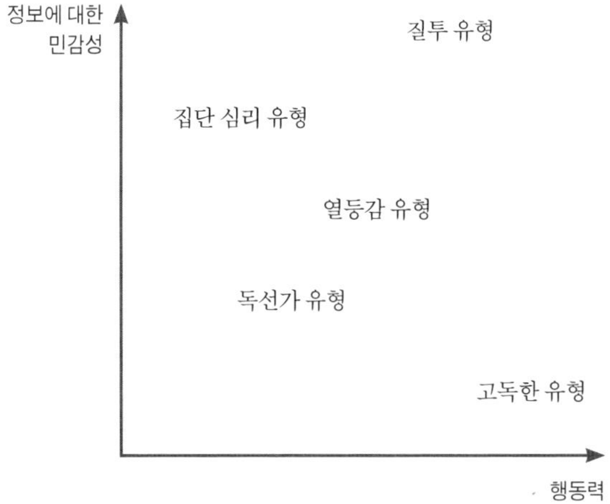

고독한 유형

고독한 유형은 행동력이 높고 정보에 대한 민감성은 낮은 사람이다. 외로움을 많이 타는 사람은 늘 자신을 알아줄 존재와 대상을 찾아다닌다. 가족이나 친구가 있고 같은 직장에 오래 다녀도 외로울 수 있다. 자신이 속한 곳에서 받아들여지지 않거나 자신의 의견이 무시된다는 느낌 때문에 도리어 더욱 외로움을 느낀다.

외로움을 메우기 위해 자신의 의견을 들어 줄 사람, 자신의 생각이 옳다는 느낌을 주는 대상을 찾아 정의감을 휘두른다. 정의를 내세울 때는 자신의 존재를 긍정하고 활력을 느낄 수 있다.

고독감이 강해지는 원인 중 하나는 낮은 정보력이다. 주변 정보에 어둡고 세상이 어떻게 변하고 있는지 잘 따라가지 못하므로 뒤처졌다는 느낌을 받는다. 사회가 고령화되면서 알지 못하는 젊은이에게 훈계하거나 난폭하게 행동하는 고령자들이 종종 지역사회에서 화제가 되는데, 고령자가 휘두르는 정의의 뿌리에는 고독감이 있는 경우가 많다. 시간을 함께 보낼 사람 없이, 제대로 된 대화 없이 오래 혼자 지내다 보면 의사소통이 어려워지고 혼자만의 생각에 빠져 주변 사람들이 이해하기 어려운 집착에 빠지기도 한다.

스스로 주의할 점

고독감은 누구도 나를 받아 주지 않는다는 느낌에서 생겨난다. 하지만 자신을 고독하게 만드는 것은 자기 자신일 때가 많다. 지금의 나는 진짜 내가 아니며 현재의 모습은 인정할 수 없다고 자책하면서 스스로를 용서하지 못하는 것이다.

자기 자신조차 받아들일 수 없는 사람을 타인이 받아들이는 것은 대단히 어려운 일일 수밖에 없다. 고독하게 남겨지지 않기 위해서는 우선 지금의 나를 인정하고 받아들여야 한다. 소중한 아기를 돌보듯, 스스로를 아끼고 보살

피고 배려해야 한다. 잘 먹고 잘 입고 잘 가꾸고, 거주 공간을 쾌적하게 만들고, 마음을 평안하게 하는 데 주의를 집중해야 한다.

고독한 유형과 잘 지내려면?

이 유형은 누군가 자기에게 관심을 갖고 의견을 들어주길 바란다. 악의가 있어서 화를 내는 것이 아니며, 해결해야 할 특별한 문제가 있는 것도 아니다.

많은 경우 의견을 잘 들어주면서 맞장구를 쳐주고 공감해 주는 것만으로도 충분하다. 의견을 들어준다고 해서 그 의견을 따라야 하는 것도 아니고, 그 사람과의 언쟁에서 진 것도 아니다.

질투 유형

질투 유형은 행동력이 비교적 높고 정보에도 민감하다. 질투심이 강한 사람은 늘 타인과 자신을 비교한다. 주변의 정보에 민감하므로 주변 사람들이 자신을 어떻게 보는지, 다른 사람들은 어떤 평가를 받는지에 대해 잘 알고 예민하게 반응한다.

자신은 아직 못하는 일, 하고 싶지만 할 수 없는 일을 하는 사람을 보면 강한 동경심을 품는다. 하지만 상대방을 부러워하고 시기하는 마음을 있는 그대로 받아들이지 못하고, 동경의 대상을 공격하는 경우가 많다.

셀럽의 사치스러운 생활이나 화려한 이성 관계에 과도한 관심을 기울이며 비난하기도 한다. 그들의 흑역사가 드러나거나 자잘한 실수를 보면 쾌감을 느낀다. 유명해져서 많은 것들을 누리고 싶은 마음을 왜곡된 방식으로 표현하는 것이다.

질투 유형의 정의감 중독이 심해지면, 내가 그렇게 살지 못하는 것은 그들처럼 부도덕하거나 뻔뻔하지 못해서라는 비뚤어진 자기 합리화로 나아가기도 한다. 유명한 사람들이 대중의 비난을 받는 것은 그들이 마땅히 치러야 하는 대가라는 엉뚱한 논리를 만들어 내기도 한다.

정보에 민감하고 행동력도 높으므로 정의의 공격성이 향하는 대상도 넓고 그 방법도 적극적이다.

스스로 주의할 점

모든 사람은 각자 고유한 가치를 지닌다. 자꾸 자신과 타인을 비교하는 사람은 자신이 얼마나 소중한 존재인지, 자신에게 정말 소중한 것이 무엇인지 모른다. 열심히 남의 삶에만 관심을 기울이지 말고 자기 자신에게 더 많은 관심을 쏟고 내면의 목소리를 들어야 한다.

내게 정말 소중한 것은 무엇일까? 누가 뭐라고 하든 절대 포기할 수 없는 나만의 가치를 찾아 나서기 시작하면 남과 자신을 비교하는 소모적인 행태에서 벗어나고, 질투

나 시기심에 사로잡히는 일도 자연스럽게 사라질 것이다.

질투 유형과 잘 지내려면?

이 유형의 사람들은 자신과 상관없는 사람이나 일들을 비교 대상으로 여긴다. 자신보다 부족해 보이면 우월감을 느끼고, 더 잘하는 것 같으면 시기심을 느껴 헐뜯는다. 그리고 시기와 질투를 정당화하고자 정의를 명분으로 내세운다.

이런 사람들과는 평소에 거리를 두고, 자신의 성공이나 우수한 점에 대해 늘 겸손하게 처신해서 시기의 대상, 공격의 대상이 되지 않도록 조심하는 게 좋다.

독선가 유형

독선가 타입은 행동력이 낮은 편이고 정보에도 둔감하다. 요즘 유행이나 화제가 무엇인지 잘 모르고, 주변 사람들이 어떻게 생각하는지에도 둔감하다. 남들의 의견에는 별로 관심이 없고 자기만의 생각에 골몰한다. 좋은 의미에서든 나쁜 의미에서든 남의 의견을 잘 듣지 않기 때문에 혼자만의 신념이 강해지는 경향이 있다.

자신과 다른 가치관을 가진 사람을 잘 받아들이지 못한다. 자신의 신념을 부정당하거나 정반대되는 사람을 보면 분노를 참지 못한다. 자신과 같은 신념을 지닌 사람은 정의롭고, 그렇지 않은 사람은 정의롭지 못하다는 확신이 강하다. 잘못된 신념을 가진 사람에게 그것을 알려줘야 한다는 사명감도 강하다.

그러므로 언제 어디서나 분란을 일으키기 쉬운 유형이라고 할 수 있다. 다행스러운 점은 행동력이 그다지 높지 않다는 것이다. 왜 행동력이 낮을까? 정보에 둔감하므로 주변 상황을 잘 파악하지 못하고, 공격할 대상을 적극적으로 찾아 나서지 않기 때문이다.

스스로 주의할 점

다른 사람의 의견을 잘 듣지 않으면 점점 머리가 굳어 자신과 다른 의견에 더욱 귀를 기울이지 않게 된다. 선의에서 이래라저래라하는 태도가 상대방에게는 일방적이고 불편한 조언이 될 수 있다.

유연함과 융통성을 잃지 않으려면 늘 주변 사람들의 의견을 경청하는 것이 좋다. 특히 자신과 생각이 다른 사람들을 만날 기회를 만들자. 나이, 직업, 성별, 취향, 지역이 다른 사람들과 대화하고 어울리면 자연히 생각이 다른 사람을 마주치게 된다. 그 다름이 나에게 없는 부분이나 약점을 보완해 줄 수도 있다.

독선가 유형과 잘 지내려면?

이런 유형의 사람은 자기 생각이 옳다고 굳게 믿는다. 상대방이 자신의 믿음과 다른 행동을 하면 정의를 내세워 공격한다. 자신과 다르면 곧 악이다.

상대방의 잘못을 지적하는 것을, 그 사람을 위한 일로 생각하는 경향이 있다. 진짜 그렇게 생각해서 행동하는 것이므로, 당장 반박하기보다는 '미처 몰랐네요', '생각해 볼게요'라고 일단 고려해 보겠다는 태도를 보여 주고, 향후 상대방의 수용 가능성에 따라 거리를 두거나 진지하게 논의하는 등 대응 방식을 달리하면 된다. 또는 그 사람이 중시하는 신념과 관련한 부분은 서로 거론하지 않기로 하고, 다른 부분에서만 관계를 지속할 수도 있다.

집단 심리 유형

집단 심리 유형은 행동력이 낮고 정보에는 민감한 편이다. 눈치를 보면서 대세를 따르는 경향이 강하다.

확고한 신념 때문에 정의를 내세우는 것이 아니라서 행동력이 낮다. 스스로 앞장서서 어떤 사건이나 인물을 공격하는 일은 없다. 하지만 공격해도 괜찮다는 사회적 분위기가 조성되면 그 기세에 편승하여 주저 없이 정의의 이름으로 공격할 수 있다. 누군가 선두에 서면 뒤에서 돌을 던지는 식으로 공격하는 경향이 있다.

분위기에 편승하므로 상황이 바뀌면 바로 물러난다. 자존심을 지키느라 물러설 시기를 놓치는 일은 없다. 선발대가 물러나면 이들은 스스로 물러나므로 큰 문제를 일으키지는 않는 집단이라고 볼 수 있다.

스스로 주의할 점

관여할 일과 관여하지 말 일의 우선순위를 확실하게 정해야 한다. 남들이 한마디씩 한다고 나도 반드시 끼어들 필요는 없다. 나와 별로 상관없는 일, 크게 중요하지 않은 일은 내려놓자. 그렇지 않으면 군중심리에 휩쓸려 소중한 시간과 노력을 무의미하게 낭비하게 될 뿐이다.

동조압력을 느꼈다고 반드시 따라야 하는 것은 아니다. 대세에 따르는 것이 늘 올바르지는 않음을 명심한다.

집단 심리 유형과 잘 지내려면?

이런 유형은 자신의 신념 때문에 정의감을 내세우는 것이 아니므로 어느 정도 시간이 흐르면 쉽게 잊을 것이다. 이들의 분노와 정의감은 오래 가지 않을 것임을 생각하면 한결 여유 있게 대응할 수 있다.

또 이들은 대세에 약하므로 확실하게 반박하고 동조 세력을 확보해서 힘을 보여 주면, 이들의 기세는 금세 꺾일 것이다.

열등감 유형

열등감 유형은 행동력과 정보에 대한 민감성이 둘 다 중간 정도 수준이다. 관심이 있는 분야에 대해서는 잘 알지만, 상관없다고 생각하는 일에는 둔감하다.

열등감을 상쇄하려고 높은 행동력을 발휘하기도 하지만, 관계없는 일에 대해서는 행동에 나서지 않는다.

예를 들어 열심히 노력해서 주류 사회에 진입하는 것을 인생 목표로 여긴다면, 직업적 성공을 위해 최선을 다하고, 고급 주택과 차를 마련하는 데 중점을 둔다. 경쟁이 불공정하다고 느끼면 정의감에서 우러나온 분노를 표출하지만, 유명인의 사생활이나 사회정의 같은 것에는 관심이 적다.

이 유형은 주된 관심이 자신의 열등감을 메우는 일에

집중된다. 그 뿌리는 자존감 부족이다. 자존감이 부족하니까 모두에게 인정받을 수 있는 자격을 얻으려고 동분서주하는 것이다.

인간관계나 행동 범위가 좁아 작은 세계 안에서 살아가곤 한다. 커다란 사회적 흐름에는 큰 관심이 없다. 자신의 시야에 들어오는 작은 세계 안에서 자신이 얼마나 정의로운지 증명하기 위해 애쓴다.

스스로 주의할 점

남이 나보다 못하다고 내 가치가 올라가는 것은 아니다. 누군가에게 우월감을 느껴도 위에는 나보다 잘난 사람들이 많이 있다. 올려다보면 끝이 없다. 인생은 이기고 지는 승부가 아니다. 인생의 가치는 남과 비교할 수 없는 주관적인 차원의 문제다.

누군가를 앞서면 쾌감을 느끼고 뒤처지면 가슴이 쓰라리다. 그런데 막상 내가 비교 대상으로 삼는 사람들은 내게 별로 관심이 없을지도 모른다. 내가 타인과의 비교 기준으로 삼는 것이 남들에게는 중요하지 않은 것일 수도 있다. 자신만의 기준으로 스스로를 옭아매지 않도록 넓은 시야를 키워야 한다.

열등감 유형과 잘 지내려면?

이런 유형이 남들에게 내세우는 잣대는 사실은 자신의 열등감을 반영하는 것일 때가 많다. 열등감을 자극하는 사람, 자신처럼 열등해 보이는 사람에게 가혹하다. 이런 사람에게 문제점을 지적하는 것은 방어 심리를 자극할 뿐이다. 열등한 자신을 지키는 데 혈안이 된 사람은 스스로를 돌아볼 마음의 여유가 없다.

열등감에 찌든 사람에게는 우열을 따질 필요가 없는 편한 관계가 중요하다. 경쟁할 필요가 없는 자잘한 일상사로 자연스럽게 다가가면 좋다. 경쟁심을 느끼지 않는 편한 사람들과 만나다 보면, 이 세상은 우열을 나눌 수 없는 다양성으로 가득하다는 것을 스스로 깨닫게 될 수도 있을 것이다.

송지현 옮김
한국외국어대학교 일본어과 졸업 후 동 대학교 일어일문학과 석사 과정을 수료했으며, 도쿄대학교 대학원 인문사회계연구과(일본문화연구 전공) 석사 학위를 취득했다. 현재 번역 에이전시 엔터스코리아에서 출판기획 및 일본어 전문 번역가로 활동하고 있다. 역서로 『끝까지 해내는 아이의 50가지 습관』 『오늘도 고바야시 서점에 갑니다』 『마음의 병에 걸리는 아이들』 『생각 비우기 연습』 『0-1세 아기 교육』 『어린이 철학 카페』 『고양이 의사 로베르트』 『올빼미 연구 노트』 『곤충들의 축제』 등이 있다.

분노는 어떻게 정의감을 내세운 마녀사냥이 되었나?
정의감 중독 사회

1판 1쇄 발행 2023년 3월 2일
1판 3쇄 발행 2024년 3월 10일

지은이 안도 슌스케
옮긴이 송지현
펴낸이 백지선
마케팅 용상철
인쇄 도담프린팅

펴낸곳 또다른우주
등록 제2021-000141호(2021년 5월 17일)
전화 02-332-2837
팩스 0303-3444-0330
이메일 anotheruzu@naver.com
블로그 blog.naver.com/anotheruzu

ISBN 979-11-981279-2-1 03300

* 잘못 만든 책은 구입처에서 바꾸어 드립니다.
* 이 책의 전부 또는 일부를 이용하려면 저자와 또다른우주 양쪽의 서면 동의를 받아야 합니다.